Περιεχόμενα

Επιμέλεια Φώτης Κυζάκης

Εισαγωγή

Ένα φάντασμα πλανιέται στην Ευρώπη: το φάντασμα του κομμουνισμού. Όλες οι δυνάμεις της γερασμένης Ευρώπης ενώθηκαν σε μια ιερή συμμαχία για να κυνηγήσουν αυτό το φάντασμα: ο πάπας και ο τσάρος, ο Μέτερνιχ κι ο Γκιζό, γάλλοι ριζοσπάστες και γερμανοί αστυνομικοί.

Ποιο κόμμα της αντιπολίτευσης δεν έχει κατηγορηθεί σαν κομμουνιστικό από τους αντιπάλους του που κυβερνούν, ποιο κόμμα της αντιπολίτευσης δεν αντέκρουσε με την κατηγορία του κομμουνισμού τους πιο προοδευτικούς αντιπολιτευόμενους, καθώς και τους αντιδραστικούς αντιπάλους του;

Δυο πράγματα βγαίνουν απ' το γεγονός αυτό:

Ο κομμουνισμός αναγνωρίζεται πια απ' όλες τις ευρωπαϊκές δυνάμεις σαν μια δύναμη.

Είναι καιρός πια οι κομμουνιστές να εκθέσουν ανοιχτά μπροστά σ' όλο τον κόσμο τις αντιλήψεις τους, τους σκοπούς τους, τις επιδιώξεις τους και ν' αντιπαραθέσουν στο παραμύθι του κομμουνιστικού φαντάσματος ένα Μανιφέστο του ίδιου του κόμματος.

Για το σκοπό αυτό συγκεντρώθηκαν στο Λονδίνο κομμουνιστές από τις πιο διαφορετικές εθνότητες και συντάξανε το παρακάτω Μανιφέστο που δημοσιεύεται στην αγγλική, γαλλική, γερμανική, ιταλική, φλαμανδική και δανική γλώσσα.

Αστοί και προλετάριοι[1]

Η ιστορία όλων των ως τώρα κοινωνιών[2] είναι η ιστορία ταξικών αγώνων.

Ελεύθερος και δούλος, πατρίκιος και πληβείος, βαρόνος και δουλοπάροικος, μάστορας[3] και κάλφας, με μια λέξη, καταπιεστής και καταπιεζόμενος, βρίσκονταν σε ακατάπαυστη αντίθεση μεταξύ τους, έκαναν αδιάκοπο αγώνα, πότε καλυμμένο, πότε ανοιχτό, έναν αγώνα που τελείωνε κάθε φορά με έναν επαναστατικό μετασχηματισμό ολόκληρης της κοινωνίας ή με την από κοινού καταστροφή των τάξεων που αγωνίζονταν.

Στις προηγούμενες εποχές της ιστορίας βρίσκουμε σχεδόν παντού μια πλήρη διαίρεση της κοινωνίας σε διάφορες κλειστές τάξεις, μια πολύτροπη διαβάθμιση των κοινωνικών θέσεων. Στην αρχαία Ρώμη βρίσκουμε πατρίκιους, ιππείς, πληβείους, δούλους. Στο μεσαίωνα φεουδάρχες, υποτελείς, μαστόρους, καλφάδες, δουλοπάροικους κι επιπλέον σε καθεμιά απ' αυτές τις τάξεις βρίσκουμε ξανά ιδιαίτερες διαβαθμίσεις.

Η σύγχρονη αστική κοινωνία που πρόβαλε από την καταστροφή της φεουδαρχικής κοινωνίας δεν κατάργησε τις ταξικές αντιθέσεις, έβαλε μονάχα στη θέση των παλιών νέες τάξεις, νέους όρους καταπίεσης, νέες μορφές πάλης.

Ωστόσο, η εποχή μας, η εποχή της αστικής τάξης, χαρακτηρίζεται από το γεγονός ότι απλοποίησε τις ταξικές αντιθέσεις. Ολόκληρη η κοινωνία όλο και περισσότερο χωρίζεται σε δύο μεγάλα αντίπαλα στρατόπεδα, σε δύο μεγάλες τάξεις, που βρίσκονται άμεσα αντιμέτωπες η μια με την άλλη: στην αστική τάξη και το προλεταριάτο.

Απ' τους δουλοπάροικους του μεσαίωνα προήλθαν οι ελεύθεροι πολίτες των πρώτων πόλεων. Απ' αυτόν τον αστικό πληθυσμό αναπτύχθηκαν τα πρώτα στοιχεία της αστικής τάξης.

Η ανακάλυψη της Αμερικής, ο περίπλους της Αφρικής δημιούργησαν για την αστική τάξη που γεννιόταν ένα καινούργιο πεδίο δράσης. Οι αγορές των Ανατολικών Ινδιών και της Κίνας, ο αποικισμός της Αμερικής, οι ανταλλαγές με τις αποικίες, ο πολλαπλασιασμός των μέσων ανταλλαγής και των εμπορευμάτων γενικά έδωσαν μια άγνωστη ως τα τότε ώθηση στο εμπόριο, τη ναυσιπλοΐα, τη βιομηχανία και προκάλεσαν έτσι μια γρήγορη ανάπτυξη τού επαναστατικού στοιχείου της φεουδαρχικής κοινωνίας που κατέρρεε.

Ο ίσαμε τότε φεουδαρχικός ή συντεχνιακός τρόπος οργάνωσης της βιομηχανίας δεν έφτανε πια για να καλύψει τις ανάγκες που με τις νέες αγορές μεγάλωναν. Η μανιφακτούρα πήρε τη θέση του. Οι συντεχνιακοί μάστοροι παραμερίστηκαν από τη βιομηχανική μεσαία τάξη. Ο καταμερισμός της δουλειάς ανάμεσα στις διάφορες συντεχνίες εξαφανίστηκε μπροστά στον καταμερισμό της δουλειάς μέσα στο ίδιο το ξεχωριστό εργαστήρι

Όμως οι αγορές όλο και μεγάλωναν, η ζήτηση όλο και αύξαινε. Και η μανιφακτούρα δεν επαρκούσε πια. Τότε ο ατμός και η μηχανή επαναστατικοποίησαν τη βιομηχανική παραγωγή. Στη θέση της μανιφακτούρας μπήκε η μεγάλη σύγχρονη βιομηχανία. Στη θέση της βιομηχανικής μεσαίας τάξης μπήκαν οι βιομήχανοι εκατομμυριούχοι, οι αρχηγοί ολόκληρων βιομηχανικών στρατιών, οι σύγχρονοι αστοί.

Η μεγάλη βιομηχανία δημιούργησε την παγκόσμια αγορά, που είχε προετοιμαστεί από την ανακάλυψη της Αμερικής. Η παγκόσμια αγορά έδωσε μια τεράστια ανάπτυξη στο εμπόριο, στη ναυτιλία, στα μέσα συγκοινωνίας της ξηράς. Αυτή η ανάπτυξη με τη σειρά της επέδρασε στην επέκταση της βιομηχανίας. Και στο βαθμό που επεκτείνονταν η βιομηχανία, το εμπόριο, η ναυτιλία, οι σιδηρόδρομοι, στον ίδιο βαθμό αναπτυσσόταν η αστική τάξη, αύξαινε τα κεφάλαιά της, απωθούσε στο περιθώριο όλες τις τάξεις που κληροδότησε ο μεσαίωνας.

Βλέπουμε, λοιπόν, πως η ίδια η σύγχρονη αστική τάξη είναι προϊόν μιας πολύχρονης εξέλιξης, μιας σειράς από ανατροπές στον τρόπο παραγωγής και επικοινωνίας.

Καθεμιά απ' αυτές τις βαθμίδες εξέλιξης της αστικής τάξης συνοδευόταν από μια αντίστοιχη πολιτική πρόοδο[4]. Η αστική τάξη, τάξη καταπιεζόμενη κάτω από την κυριαρχία των φεουδαρχών αρχόντων, ένοπλη αυτοδιοικούμενη εταιρία μέσα στην κοινότητα[5], εδώ ανεξάρτητη δημοκρατία της πόλης εκεί τρίτη τάξη που είναι φόρου υποτελής στη μοναρχία[6], ύστερα, στην περίοδο της μανιφακτούρας, αντίβαρο ενάντια στους ευγενείς στην περιορισμένη απ' τους φεουδάρχες μοναρχία ή στην απόλυτη μοναρχία και κύριο στήριγμα των μεγάλων μοναρχιών γενικά, αυτή η αστική τάξη, από τότε που δημιουργήθηκε η μεγάλη βιομηχανία και η παγκόσμια αγορά, κατέκτησε τελικά την αποκλειστική πολιτική εξουσία στο σύγχρονο αντιπροσωπευτικό κράτος. Η σύγχρονη κρατική εξουσία είναι μονάχα μια επιτροπή που διαχειρίζεται τις κοινές υποθέσεις της αστικής τάξης στο σύνολο της.

Η αστική τάξη έπαιξε στην ιστορία ένα ρόλο εξαιρετικά επαναστατικό.

Παντού όπου η αστική τάξη ήρθε στην εξουσία, κατέστρεψε όλες τις φεουδαρχικές, πατριαρχικές και ειδυλλιακές σχέσεις. Έσπασε χωρίς οίκτο τους πολυποίκιλους φεουδαρχικούς δεσμούς που συνδέανε τον άνθρωπο με τους φυσικούς ανώτερούς του και δεν άφησε κανέναν άλλο δεσμό ανάμεσα σε άνθρωπο και σε άνθρωπο, εκτός από το γυμνό συμφέρον, από την αναίσθητη "πληρωμή τοις μετρητοίς". Έπνιξε στα παγωμένα νερά του εγωιστικού υπολογισμού τα ιερά ρίγη του ευλαβικού ρεμβασμού, του ιπποτικού ενθουσιασμού, της μικροαστικής μελαγχολίας. Μετέτρεψε την προσωπική αξιοπρέπεια σε ανταλλακτική αξία και στη θέση των απειράριθμων γραφτών και των έντιμα αποκτημένων ελευθεριών έβαλε τη μοναδική ασυνείδητη ελευθερία του εμπορίου. Με μια λέξη, στη θέση της καλυμμένης με θρησκευτικές και πολιτικές αυταπάτες εκμετάλλευσης, έβαλε την ανοιχτή, ξεδιάντροπη, άμεση, σκληρή εκμετάλλευση.

Η αστική τάξη αφαίρεσε το φωτοστέφανο απ' όλα τα ως τότε αξιοσέβαστα επαγγέλματα που τα αντίκριζαν με θρησκευτική ευλάβεια. Το γιατρό, το νομικό, τον παπά, τον ποιητή, τον άνθρωπο της επιστήμης, τους μετέτρεψε σε μισθωτούς εργάτες της.

Η αστική τάξη ξέσχισε τον πέπλο του συναισθηματισμού που σκέπαζε τις οικογενειακές σχέσεις και τις έκανε ξεκάθαρες χρηματικές σχέσεις.

Η αστική τάξη έδειξέ πώς η κτηνώδης εκδήλωση δύναμης στο μεσαίωνα, που τόσο τη θαυμάζει η αντίδραση, βρήκε την ταιριαστή της συμπλήρωση στην πιο ράθυμη τεμπελιά. Πρώτα απέδειξε τι μπορεί να κατορθώσει η ανθρώπινη δραστηριότητα. Έκανε τελείως διαφορετικά θαύματα απ' τις πυραμίδες της Αιγύπτου, τα ρωμαϊκά υδραγωγεία και τις γοτθικές μητροπόλεις. Πραγματοποίησε τελείως διαφορετικές εκστρατείες από τις μεταναστεύσεις των λαών και τις σταυροφορίες.

Η αστική τάξη δεν μπορεί να υπάρχει χωρίς να επαναστατικοποιεί αδιάκοπα τα εργαλεία παραγωγής, δηλαδή τις σχέσεις παραγωγής, δηλαδή όλες τις κοινωνικές σχέσεις. Αντίθετα, η αμετάβλητη διατήρηση του παλιού τρόπου παραγωγής αποτελούσε τον πρώτο όρο ύπαρξης όλων των προηγούμενων βιομηχανικών τάξεων. Η συνεχής ανατροπή της παραγωγής, ο αδιάκοπος κλονισμός όλων των κοινωνικών καταστάσεων, η αιώνια αβεβαιότητα και κίνηση διακρίνουν την αστική εποχή από όλες τις προηγούμενες. Διαλύονται όλες οι στέρεες, σκουριασμένες σχέσεις με την ακολουθία τους από παλιές σεβάσμιες παραστάσεις και αντιλήψεις κι όλες οι καινούργιες που διαμορφώνονται παλιώνουν πριν προλάβουν να αποστεωθούν. Καθετί το κλειστό και στάσιμο εξατμίζεται, καθετί το ιερό βεβηλώνεται και στο τέλος οι άνθρωποι αναγκάζονται ν' αντικρίσουν με νηφάλιο μάτι τη θέση τους στη ζωή και τις αμοιβαίες σχέσεις τους.

Η ανάγκη να μεγαλώνει ολοένα την πώληση των προϊόντων της κυνηγά την αστική τάξη πάνω σ' όλη τη γήινη σφαίρα. Είναι υποχρεωμένη να φωλιάζει παντού, να εγκαθίσταται παντού, να δημιουργεί παντού σχέσεις.

Με την εκμετάλλευση της παγκόσμιας αγοράς, η αστική τάξη διαμόρφωσε κοσμοπολίτικα την παραγωγή και την κατανάλωση όλων των χωρών. Προς μεγάλη λύπη των αντιδραστικών, αφαίρεσε το εθνικό έδαφος κάτω από τα πόδια της βιομηχανίας. Εκμηδενίστηκαν κι

εξακολουθούν ακόμα καθημερινά να εκμηδενίζονται οι παμπάλαιες εθνικές βιομηχανίες. Εκτοπίζονται από νέες βιομηχανίες που η εισαγωγή τους γίνεται ζωτικό ζήτημα για όλα τα πολιτισμένα έθνη, από βιομηχανίες που δεν επεξεργάζονται πια ντόπιες πρώτες ύλες, αλλά πρώτες ύλες που βρίσκονται στις πιο απομακρυσμένες ζώνες και που τα προϊόντα τους δεν καταναλώνονται μονάχα στην ίδια τη χώρα, αλλά ταυτόχρονα σε όλα τα μέρη τον κόσμου. Στη θέση των παλιών αναγκών, που ικανοποιούνταν από τα εθνικά προϊόντα, μπαίνουν καινούργιες ανάγκες που για να ικανοποιηθούν απαιτούν προϊόντα των πιο απομακρυσμένων χωρών και κλιμάτων. Στη θέση της παλιάς τοπικής και εθνικής αυτάρκειας και αποκλειστικότητας, μπαίνει μια ολόπλευρη συναλλαγή, μια ολόπλευρη αλληλεξάρτηση των εθνών. Κι αυτό που γίνεται στην υλική παραγωγή γίνεται και στην πνευματική παραγωγή. Τα πνευματικά προϊόντα των μεμονωμένων εθνών γίνονται κοινό χτήμα. Η εθνική μονομέρεια και ο εθνικός περιορισμός γίνονται όλο και πιο αδύνατα και από τις πολλές εθνικές και τοπικές φιλολογίες διαμορφώνεται μια παγκόσμια φιλολογία.

Με τη γρήγορη βελτίωση όλων των εργαλείων παραγωγής, με την απεριόριστη διευκόλυνση των επικοινωνιών, η αστική τάξη τραβάει στον πολιτισμό όλα, ακόμα και τα πιο βάρβαρα έθνη. Οι φτηνές τιμές των εμπορευμάτων της είναι το βαρύ πυροβολικό που γκρεμίζει όλα τα σινικά τείχη, και που αναγκάζει να συνθηκολογήσει ακόμα και το πιο σκληροτράχηλο μίσος των βαρβάρων ενάντια στους ξένους. Αναγκάζει όλα τα έθνη να δεχτούν τον αστικό τρόπο παραγωγής, αν δεν θέλουν να χαθούν. Τα αναγκάζει να εισαγάγουν στη χώρα τους το λεγόμενο πολιτισμό, δηλαδή να γίνουν αστοί. Με μια λέξη, δημιουργεί έναν κόσμο "κατ' εικόνα της".

Η αστική τάξη υπέταξε την ύπαιθρο στην κυριαρχία της πόλης. Δημιούργησε τεράστιες πόλεις, αύξησε σε μεγάλο βαθμό τον αριθμό τον αστικού πληθυσμού σε σύγκριση με τον αγροτικό και απέσπασε έτσι ένα μεγάλο μέρος του πληθυσμού από την ηλιθιότητα της αγροτικής ζωής. Όπως εξάρτησε την ύπαιθρο από την πόλη, έτσι εξάρτησε τις βάρβαρες και τις μισοβάρβαρες χώρες από τις

πολιτισμένες, τους αγροτικούς λαούς από τους αστικούς λαούς, την Ανατολή από τη Δύση.

Η αστική τάξη όλο και περισσότερο καταργεί τον κατακερματισμό των μέσων παραγωγής, της ιδιοκτησίας και του πληθυσμού. Συσσώρευσε τον πληθυσμό, συγκεντροποίησε τα μέσα παραγωγής και συγκέντρωσε την ιδιοκτησία σε λιγοστά χέρια. Η αναγκαία συνέπεια ήταν ο πολιτικός συγκεντρωτισμός. Ανεξάρτητες επαρχίες με διαφορετικά συμφέροντα, νόμους, κυβερνήσεις και δασμούς, και που συνδέονταν μεταξύ τους σχεδόν μονάχα με σχέσεις συμμαχίας, συσπειρώθηκαν σε ένα έθνος, μία κυβέρνηση, ένα νόμο, ένα εθνικό ταξικό συμφέρον, μια τελωνειακή ζώνη.

Η αστική τάξη μέσα στη μόλις εκατόχρονη ταξική κυριαρχία της δημιούργησε παραγωγικές δυνάμεις πιο μαζικές και πιο κολοσσιαίες από ο,τι όλες μαζί οι περασμένες γενιές. Υποταγή των δυνάμεων της φύσης, μηχανές, εφαρμογή της χημείας στη βιομηχανία και τη γεωργία, ατμοπλοΐα, σιδηρόδρομοι, ηλεκτρικοί τηλέγραφοι, εκχέρσωση ολόκληρων ηπείρων, διαρρύθμιση των ποταμών σε πλωτούς, ολόκληροι πληθυσμοί που ξεπετιούνται απ' τη γη-ποιός άλλος προηγούμενος αιώνας θα μπορούσε να υποπτευθεί πως στους κόλπους της κοινωνής εργασίας λαγοκοιμόνταν τέτοιες παραγωγικές δυνάμεις;

Είδαμε, λοιπόν: τα μέσα παραγωγής και συγκοινωνίας που πάνω στη βάση τους διαμορφώθηκε η αστική τάξη, δημιουργήθηκαν στη φεουδαρχική κοινωνία. Σε μια ορισμένη βαθμίδα ανάπτυξης αυτών των μέσων παραγωγής και συγκοινωνίας, οι συνθήκες μέσα στις οποίες παρήγε και αντάλλασσε η φεουδαρχική κοινωνία, η φεουδαρχική οργάνωση της γεωργίας και της μανιφακτούρας, με μια λέξη οι φεουδαρχικές σχέσεις ιδιοκτησίας, δεν ανταποκρίνονταν πια στις αναπτυγμένες κιόλας παραγωγικές δυνάμεις. Εμπόδιζαν την παραγωγή αντί να την προωθούν. Μεταβλήθηκαν σε ισάριθμα δεσμά. Έπρεπε να σπάσουν, έσπασαν.

Στη θέση τους μπήκε ο ελεύθερος συναγωνισμός, με μια ανάλογη κοινωνική και πολιτική συγκρότηση, με την οικονομική και πολιτική κυριαρχία της αστικής τάξης.

εκδόσεις ΚΥΖΑΚΗΣ

Μπρος στα μάτια μας συντελείται μια παρόμοια κίνηση. Οι αστικές σχέσεις παραγωγής και ανταλλαγής, οι αστικές σχέσεις ιδιοκτησίας, η σύγχρονη αστική κοινωνία, που δημιούργησε τόσο ισχυρά μέσα παραγωγής και ανταλλαγής, μοιάζει με το μάγο εκείνο που δεν καταφέρνει πια να κυριαρχήσει πάνω στις καταχθόνιες δυνάμεις που ο ίδιος κάλεσε. Εδώ και δεκάδες χρόνια, η ιστορία της βιομηχανίας και του εμπορίου δεν είναι τίποτε άλλο παρά η ιστορία της εξέγερσης των σύγχρονων παραγωγικών δυνάμεων ενάντια στις σύγχρονες σχέσεις παραγωγής, ενάντια στις σχέσεις ιδιοκτησίας, που αποτελούν τους όρους ύπαρξης της αστικής τάξης και της κυριαρχίας της. Αρκεί ν' αναφέρουμε τις εμπορικές κρίσεις που με την περιοδική τους επανάληψη όλο και πιο απειλητικά αμφισβητούν την υπόσταση ολόκληρης της αστικής κοινωνίας. Στις εμπορικές κρίσεις καταστρέφεται τακτικά ένα μεγάλο μέρος όχι μονάχα των έτοιμων προϊόντων, αλλά ακόμα και των παραγωγικών δυνάμεων που ήδη είχαν δημιουργηθεί. Στις κρίσεις ξεσπά μια κοινωνική επιδημία που σε κάθε άλλη προηγούμενη εποχή θα φαινόταν σαν παραλογισμός, η επιδημία της υπερπαραγωγής. Η κοινωνία ξαφνικά βρίσκεται πάλι πίσω σε κατάσταση στιγμιαίας βαρβαρότητας. Θα 'λεγε κανείς ότι ένας λιμός, ένας γενικός καταστροφικός πόλεμος της έκοψε όλα τα μέσα ύπαρξης. Η βιομηχανία, το εμπόριο φαίνονται εκμηδενισμένα. Και γιατί; Γιατί η κοινωνία έχει πάρα πολύ πολιτισμό, πάρα πολλά μέσα ύπαρξης, πάρα πολλή βιομηχανία, πάρα πολύ εμπόριο. Οι παραγωγικές δυνάμεις που διαθέτει δεν χρησιμεύουν πια για την προώθηση του αστικού πολιτισμού και των αστικών σχέσεων ιδιοκτησίας. Αντίθετα, έγιναν πάρα πολύ μεγάλες γι' αυτές τις σχέσεις, εμποδίζονται από αυτές. Και κάθε φορά που οι παραγωγικές δυνάμεις ξεπερνούν το εμπόδιο αυτό, φέρνουν σε αναταραχή ολόκληρη την αστική κοινωνία, απειλούν την ύπαρξη της αστικής ιδιοκτησίας. Οι αστικές σχέσεις έγιναν πάρα πολύ στενές για να περιλάβουν τα πλούτη που δημιουργήθηκαν απ' αυτές. Πώς ξεπερνά η αστική τάξη τις κρίσεις; από τη μια μεριά καταστρέφοντας αναγκαστικά μάζες από παραγωγικές δυνάμεις. Από την άλλη, κατακτώντας καινούργιες αγορές και εκμεταλλευόμενη πιο

βαθιά τις παλιές. Πώς, λοιπόν; Προετοιμάζοντας πιο ολόπλευρες και πιο τεράστιες κρίσεις και ελαττώνοντας τα μέσα για να προλαβαίνει τις κρίσεις.

Τα όπλα που χρησιμοποίησε η αστική τάξη για ν' ανατρέψει τη φεουδαρχία στρέφονται τώρα ενάντια στην ίδια την αστική τάξη.

Όμως η αστική τάξη δεν σφυρηλάτησε μονάχα τα όπλα που της φέρνουν το θάνατο. Δημιούργησε και τους ανθρώπους που θα χειριστούν αυτά τα όπλα, τους σύγχρονους εργάτες, τους προλετάριους.

Στο βαθμό που αναπτύσσεται η αστική τάξη, δηλαδή το κεφάλαιο, στον ίδιο βαθμό αναπτύσσεται και το προλεταριάτο, η τάξη των σύγχρονων εργατών που ζουν μονάχα τόσο, όσο βρίσκουν δουλειά, και που βρίσκουν τόσο δουλειά, όσο η δουλειά τους αυξάνει το κεφάλαιο. Αυτοί οι εργάτες που είναι αναγκασμένοι να πουλιούνται κομματάκι-κομματάκι, είναι ένα εμπόρευμα όπως κάθε άλλο εμπορικό είδος, και γι' αυτό είναι εκτεθειμένοι σ' όλες τις εναλλαγές τον συναγωνισμού, σε όλες τις διακυμάνσεις της αγοράς.

Με την επέκταση των μηχανών και με τον καταμερισμό της εργασίας, η δουλειά των προλετάριων έχασε κάθε ανεξάρτητο χαρακτήρα, και μαζί κάθε θέλγητρο για τον εργάτη. Ο εργάτης γίνεται ένα απλό εξάρτημα της μηχανής απ' το οποίο ζητούν μονάχα τον πιο απλό, τον πιο μονότονο χειρισμό, αυτόν που μπορεί να μαθευτεί πιο εύκολα. Γι' αυτό, τα έξοδα που στοιχίζει ο εργάτης περιορίζονται σχεδόν μονάχα στα μέσα ύπαρξης που χρειάζεται για τη συντήρησή του και για τη διαιώνιση του γένους του.

Η τιμή όμως ενός εμπορεύματος, επομένως και της εργασίας[7], είναι ίση με το κόστος της παραγωγής. Στο βαθμό επομένως που αυξάνει η αποκρουστικότητα της δουλειάς, πέφτει και ο μισθός. Ακόμα περισσότερο, στο βαθμό που αυξάνουν οι μηχανικές εγκαταστάσεις και ο καταμερισμός της εργασίας, στον ίδιο βαθμό αυξάνει και η μάζα της εργασίας[8], είτε με την αύξηση των ωρών εργασίας, είτε με την αύξηση της εργασίας που ζητούν απ' αυτόν σε ένα δοσμένο χρονικό διάστημα, είτε με την επιτάχυνση της κίνησης των μηχανών κλπ.

Η σύγχρονη βιομηχανία μετέτρεψε το μικρό εργαστήρι του πατριαρχικού μάστορα στο μεγάλο εργοστάσιο του βιομήχανου καπιταλιστή. Οι εργατικές μάζες, στριμωγμένες στα εργοστάσια, οργανώνονται στρατιωτικά. Τους βάζουν σαν απλούς στρατιώτες της βιομηχανίας κάτω από την επίβλεψη μιας ολόκληρης ιεραρχίας από υπαξιωματικούς και αξιωματικούς. Δεν είναι μονάχα σκλάβοι της αστικής τάξης, του αστικού κράτους, αλλά κάθε μέρα, κάθε ώρα, υποδουλώνονται από τις μηχανές, από τον αρχιεργάτη και πριν απ' όλα από τον ίδιο τον αστό εργοστασιάρχη. Όσο πιο πολύ ο δεσποτισμός αυτός διακηρύχνει ανοιχτά σαν σκοπό του το κέρδος, τόσο πιο μικροπρεπής, πιο μισητός, πιο εξοργιστικός γίνεται.

Όσο πιο λίγη μαστοριά και δύναμη απαιτεί η χειρωνακτική εργασία, δηλαδή όσο πιο πολύ εξελίσσεται η σύγχρονη βιομηχανία, τόσο πιο πολύ η δουλειά των ανδρών εκτοπίζεται από τη δουλειά των γυναικών και των παιδιών. Οι διακρίσεις ηλικίας και φύλου δεν έχουν πια κοινωνική σημασία για την εργατική τάξη. Δεν υπάρχουν πια παρά εργαλεία δουλειάς που η τιμή τους ποικίλλει ανάλογα με την ηλικία και το φύλο.

Όταν συμπληρωθεί η εκμετάλλευση του εργάτη από τον εργοστασιάρχη ως το σημείο εκείνο που ο εργάτης να έχει εισπράξει το μισθό του σε χρήμα, τότε πέφτουν πάνω του τα άλλα τμήματα της αστικής τάξης: ο σπιτονοικοκύρης, ο μπακάλης, ο ενεχυροδανειστής κλπ.

Οι πρώην μεσαίες τάξεις, οι μικροί βιομήχανοι, έμποροι και εισοδηματίες, οι βιοτέχνες και αγρότες, όλες αυτές οι τάξεις κατρακυλούν στο προλεταριάτο, από τη μια γιατί το μικρό τους κεφάλαιο δεν φτάνει για την επιχείρηση της μεγάλης βιομηχανίας και υποκύπτει στο συναγωνισμό με τους μεγαλύτερους καπιταλιστές, κι από την άλλη, γιατί νέοι τρόποι παραγωγής υποβιβάζουν τη σημασία της επαγγελματικής τους δεξιοτεχνίας. Έτσι το προλεταριάτο στρατολογείται από όλες τις τάξεις του πληθυσμού.

Το προλεταριάτο περνάει από διάφορα στάδια ανάπτυξης. Η πάλη του ενάντια στην αστική τάξη αρχίζει από τη μέρα που αρχίζει να υπάρχει.

Στην αρχή παλεύουν οι μεμονωμένοι εργάτες, ύστερα οι εργάτες ενός εργοστασίου, μετά οι εργάτες ενός κλάδου σε κάποιο μέρος ενάντια στο μεμονωμένο αστό που τους εκμεταλλεύεται άμεσα. Στρέφουν τις επιθέσεις τους όχι μονάχα ενάντια στις αστικές σχέσεις παραγωγής, τις στρέφουν ενάντια στα ίδια τα εργαλεία παραγωγής. Καταστρέφουν τα ξένα ανταγωνιστικά εμπορεύματα, σπάνε τις μηχανές, καίνε τα εργοστάσια και προσπαθούν να κατακτήσουν ξανά τη χαμένη θέση του μεσαιωνικού εργάτη.

Σ' αυτό το στάδιο, οι εργάτες αποτελούν μια μάζα διασκορπισμένη σ' όλη τη χώρα και κατακερματισμένη από το συναγωνισμό. Η μαζική συσπείρωση των εργατών δεν είναι ακόμα η συνέπεια της δικής τους συνένωσης, αλλά η συνέπεια της συνένωσης της αστικής τάξης που, για να πετύχει τους δικούς της πολιτικούς σκοπούς, είναι υποχρεωμένη να βάλει σε κίνηση ολόκληρο το προλεταριάτο και έχει για την ώρα τη δύναμη να το κάνει αυτό. Σ' αυτό το στάδιο, επομένως, οι προλετάριοι δεν καταπολεμούν ακόμα τους δικούς τους εχθρούς, αλλά τους εχθρούς των εχθρών τους, τα υπολείμματα της απόλυτης μοναρχίας, τους γαιοκτήμονες, τους μη βιομήχανους αστούς, τους μικροαστούς. Έτσι, όλη η ιστορική κίνηση είναι συγκεντρωμένη στα χέρια της αστικής τάξης. Κάθε νίκη που κερδίζεται μ' αυτόν τον τρόπο είναι νίκη της αστικής τάξης.

Με την ανάπτυξη της βιομηχανίας, όμως, το προλεταριάτο δεν πληθαίνει μονάχα, αλλά και συσπειρώνεται σε μεγαλύτερες μάζες, η δύναμή του μεγαλώνει και τη δύναμή του αυτή τη νιώθει περισσότερο. Τα συμφέροντα, οι συνθήκες ζωής του προλεταριάτου εξισώνονται όσο πάει και περισσότερο από το γεγονός ότι η μηχανή σβήνει όλο και πιο πολύ τις διακρίσεις στη δουλειά και πιέζει σχεδόν παντού το μεροκάματο σ' ένα εξίσου χαμηλό επίπεδο. Ο αυξανόμενος συναγωνισμός των αστών ανάμεσά τους και οι εμπορικές κρίσεις που προκαλεί ο συναγωνισμός αυτός, κάνουν το μισθό των εργατών όλο και πιο ασταθή. Η αδιάκοπη, όσο και πιο γρήγορη τελειοποίηση της μηχανής κάνει τη θέση τους όλο και πιο επισφαλή. Οι συγκρούσεις ανάμεσα στο μεμονωμένο εργάτη και στο μεμονωμένο αστό παίρνουν όλο και περισσότερο το χαρακτήρα συγκρούσεων ανάμεσα σε δύο

Εκδόσεις
ΚΥΖΑΚΗΣ

τάξεις. Οι εργάτες αρχίζουν έτσι να συγκροτούν συνασπισμούς[9] ενάντια στους αστούς. Συνασπίζονται για να υπερασπίσουν το μισθό της εργασίας τους. Ιδρύουν ακόμα και μόνιμες ενώσεις για να εξασφαλίσουν τα μέσα στην περίπτωση ενδεχόμενων ανταρσιών. Εδώ κι εκεί η πάλη ξεσπάει με τη μορφή εξεγέρσεων.

Από καιρό σε καιρό οι εργάτες νικούν, αλλά η νίκη τους είναι παροδική. Το πραγματικό αποτέλεσμα των αγώνων τους δεν είναι η άμεση επιτυχία, αλλά η συνένωση των εργατών που ολοένα επεκτείνεται. Η ενότητα αυτή προωθείται από τα αναπτυσσόμενα μέσα συγκοινωνίας που παράγονται από τη μεγάλη βιομηχανία και που συνδέουν μεταξύ τους τους εργάτες από διάφορα μέρη. Και φτάνει μονάχα να συνδεθούν μεταξύ τους για να συνενωθούν οι πολλοί τοπικοί αγώνες, που έχουν παντού τον ίδιο χαρακτήρα, σε μια εθνική πάλη, μια ταξική πάλη. Κάθε ταξικός αγώνας όμως είναι πολιτικός αγώνας. Και την ένωση, που οι αστοί του μεσαίωνα με τους καρόδρομούς του χρειάστηκαν αιώνες για να την πραγματοποιήσουν, οι σύγχρονοι προλετάριοι την πραγματοποιούν με τους σιδηρόδρομους μέσα σε λίγα χρόνια.

Αυτή η οργάνωση των προλετάριων σε τάξη και επομένως σε πολιτικό κόμμα, διασπάται πάλι κάθε στιγμή από το συναγωνισμό που υπάρχει ανάμεσα στους ίδιους τους εργάτες. Ξαναγεννιέται, όμως, πάντα, όλο και πιο δυνατή, πιο στέρεη, πιο ισχυρή. Επωφελείται από τις διασπάσεις μέσα στην ίδια την αστική τάξη και επιβάλλει έτσι την αναγνώριση με νομοθετική μορφή ορισμένων συμφερόντων των εργατών. Έτσι επέβαλε το νόμο για το δεκάωρο στην Αγγλία.

Γενικά, οι συγκρούσεις μέσα στην παλιά κοινωνία ευνοούν με πολλούς τρόπους την πορεία ανάπτυξης του προλεταριάτου. Η αστική τάξη βρίσκεται σε κατάσταση αδιάκοπου αγώνα: πρώτα, ενάντια στην αριστοκρατία. Αργότερα, ενάντια στα τμήματα εκείνα της ίδιας της αστικής τάξης που τα συμφέροντά τους έρχονται σε αντίθεση με την πρόοδο της βιομηχανίας. Και πάντα, ενάντια στην αστική τάξη όλων των άλλων χωρών. Σε όλους αυτούς τους αγώνες, είναι υποχρεωμένη να κάνει έκκληση στο προλεταριάτο, να ζητάει τη βοήθειά του και να το τραβάει έτσι στην πολιτική κίνηση. Έτσι, η ίδια η αστική τάξη

προμηθεύει στους προλετάριους τα δικά της στοιχεία μόρφωσης[10], δηλαδή τα όπλα ενάντια στον ίδιο τον εαυτό της.

Ακόμα, όπως είδαμε, με την πρόοδο της βιομηχανίας ολόκληρα συστατικά μέρη της κυρίαρχης τάξης κατρακυλούν στο προλεταριάτο ή, τουλάχιστον, βλέπουν να απειλούνται οι όροι της ζωής τους. Κι αυτά φέρνουν στο προλεταριάτο πολλά στοιχεία μόρφωσης[11].

Τέλος, σε περιόδους που ο ταξικός αγώνας πλησιάζει στη λύση του, η πορεία διάλυσης μέσα στην κυρίαρχη τάξη, μέσα σ' όλη την παλιά κοινωνία, παίρνει ένα χαρακτήρα τόσο σφοδρό, τόσο χτυπητό, που ένα μικρό τμήμα της κυρίαρχης τάξης αποσπάται απ' αυτήν και προσχωρεί στην επαναστατική τάξη, την τάξη που κρατά στα χέρια της το μέλλον. Όπως παλιά, επομένως, ένα μέρος των ευγενών πέρασε στην αστική τάξη, έτσι και τώρα ένα τμήμα της αστικής τάξης περνάει στο προλεταριάτο, και ειδικά ένα τμήμα από τους αστούς ιδεολόγους που κατάφεραν να ανυψωθούν ως τη θεωρητική κατανόηση όλης της ιστορικής κίνησης.

Απ' όλες τις τάξεις που σήμερα βρίσκονται αντιμέτωπες με την αστική τάξη, μόνο το προλεταριάτο είναι τάξη αληθινά επαναστατική. Οι υπόλοιπες τάξεις χάνονται κι εξαφανίζονται από τη μεγάλη βιομηχανία, ενώ το προλεταριάτο είναι το πιο χαρακτηριστικό προϊόν της.

Οι μεσαίες τάξεις, ο μικρός βιομήχανος, ο μικρέμπορας, ο βιοτέχνης, ο αγρότης, όλοι αυτοί πολεμούν την αστική τάξη για να διατηρήσουν την ύπαρξή τους σαν μεσαίες τάξεις και να σωθούν απ' τον αφανισμό. Δεν είναι λοιπόν επαναστατικές αλλά συντηρητικές. Κάτι παραπάνω, είναι αντιδραστικές, γιατί ζητούν να στρέψουν προς τα πίσω τον τροχό της ιστορίας. Αν είναι επαναστατικές, είναι σχετικά με το επικείμενο πέρασμά τους στο προλεταριάτο, και τότε δεν υπερασπίζουν τα σημερινά, αλλά τα μελλοντικά τους συμφέροντα, εγκαταλείπουν τη δική τους άποψη για να πάνε με την άποψη του προλεταριάτου.

Το λούμπεν προλεταριάτο[12], αυτό το παθητικό προϊόν σαπίλας των πιο χαμηλών στρωμάτων της παλιάς κοινωνίας, παρασέρνεται εδώ κι εκεί στο κίνημα από την προλεταριακή επανάσταση, όμως απ' τις

εκδόσεις
ΚΥΖΑΚΗΣ

συνθήκες της ζωής του είναι πάντα πρόθυμο να πουληθεί για αντιδραστικές ενέργειες.

Οι όροι ύπαρξης της παλιάς κοινωνίας έχουν πια εκμηδενιστεί μέσα στις συνθήκες ύπαρξης του προλεταριάτου. Ο προλετάριος δεν έχει ιδιοκτησία. Οι σχέσεις του με τη γυναίκα του και με τα παιδιά δεν έχουν πια τίποτα το κοινό με τις σχέσεις της αστικής οικογένειας. Η σύγχρονη βιομηχανική εργασία, η σύγχρονη υποδούλωση στο κεφάλαιο, που είναι ίδια στην Αγγλία και τη Γαλλία, στην Αμερική και τη Γερμανία, αφαίρεσε από τον προλετάριο κάθε εθνικό χαρακτήρα. Οι νόμοι, η ηθική, η θρησκεία είναι γι' αυτόν τόσες αστικές προλήψεις, όσα αστικά συμφέροντα κρύβονται πίσω τους.

Όλες οι προηγούμενες τάξεις που έπαιρναν την εξουσία προσπαθούσαν να εξασφαλίσουν τη θέση που κατέκτησαν, υποτάσσοντας όλη την κοινωνία στους όρους του δικού τους τρόπου ιδιοποίησης. Οι προλετάριοι μπορούν να κατακτήσουν τις κοινωνικές παραγωγικές δυνάμεις μονάχα καταργώντας τον ως σήμερα δικό τους τρόπο ιδιοποίησης και επομένως όλο τον ως τώρα τρόπο ιδιοποίησης. Οι προλετάριοι δεν έχουν τίποτα δικό τους να εξασφαλίσουν, έχουν όμως να καταστρέψουν κάθε ως τώρα ατομική ασφάλεια και ατομική εξασφάλιση.

Όλα τα προηγούμενα κινήματα ήταν κινήματα της μειοψηφίας ή προς όφελος μιας μειοψηφίας. Το προλεταριακό κίνημα είναι το αυτοτελές κίνημα της τεράστιας πλειοψηφίας προς όφελος της τεράστιας πλειοψηφίας. Το προλεταριάτο, το κατώτερο στρώμα της σημερινής κοινωνίας, δεν μπορεί να σηκωθεί, δεν μπορεί ν' ανυψωθεί χωρίς να τιναχτεί στον αέρα όλο το εποικοδόμημα των στρωμάτων που αποτελούν την επίσημη κοινωνία.

Η πάλη του προλεταριάτου ενάντια στην αστική τάξη, αν όχι στο περιεχόμενο, στη μορφή είναι κατ' αρχήν εθνική. Φυσικά, το προλεταριάτο κάθε χώρας πρέπει να ξεμπερδέψει πριν απ' όλα με τη δική του αστική τάξη.

Χαράζοντας τις γενικές φάσεις της εξέλιξης τον προλεταριάτου, παρακολουθήσαμε το λίγο-πολύ καλυμμένο εμφύλιο πόλεμο μέσα στην υπάρχουσα κοινωνία, ως το σημείο που ο πόλεμος αυτός ξεσπάει σε ανοιχτή επανάσταση και το προλεταριάτο θεμελιώνει την κυριαρχία του με τη βίαιη ανατροπή της αστικής τάξης.

Όπως είδαμε, όλες οι προηγούμενες κοινωνίες στηρίζονταν στην αντίθεση ανάμεσα σε τάξεις που καταπιέζουν και σε τάξεις που καταπιέζονται. Για να μπορεί όμως κανείς να καταπιέζει μια τάξη, πρέπει να εξασφαλίσει στην τάξη αυτή τέτοιους όρους ύπαρξης, που να της δίνουν τη δυνατότητα να ζει τουλάχιστον τη ζωή του σκλάβου. Ο δουλοπάροικος στην εποχή της φεουδαρχίας κατάφερε ν' ανέβει με τη δουλειά του και να γίνει μέλος της κοινότητας, όπως και ο μικροαστός κατάφερε να γίνει αστός κάτω από το ζυγό του φεουδαρχικού απολυταρχισμού. Αντίθετα, ο σύγχρονος εργάτης, αντί ν' ανυψώνεται με την πρόοδο της βιομηχανίας, βυθίζεται όλο και πιο χαμηλά, πιο κάτω ακόμα κι από τις συνθήκες ζωής της ίδιας του της τάξης. Ο εργάτης πέφτει στην αθλιότητα και η μαζική αθλιότητα αυξάνει ακόμα πιο γρήγορα από τον πληθυσμό και τον πλούτο. Έτσι γίνεται φανερό ότι η αστική τάξη είναι ανίκανη να παραμείνει άλλο κυρίαρχη τάξη της κοινωνίας και να επιβάλει στην κοινωνία σαν ρυθμιστικό νόμο τους όρους ύπαρξης της τάξης της. Είναι ανίκανη να κυριαρχεί γιατί είναι ανίκανη να εξασφαλίσει στο σκλάβο της την ύπαρξη, ακόμα και μέσα στη σκλαβιά του, γιατί είναι υποχρεωμένη να τον ρίξει ως την κατάσταση που θα χρειάζεται να τον τρέφει αυτή αντί να τρέφεται η ίδια απ' αυτόν. Η κοινωνία δεν μπορεί πια να ζήσει κάτω από την κυριαρχία της αστικής τάξης, δηλαδή η ύπαρξη της αστικής τάξης δεν συμβιβάζεται άλλο με την κοινωνία.

Ο ουσιαστικός όρος για την ύπαρξη και την κυριαρχία της αστικής τάξης είναι η συσσώρευση του πλούτου στα χέρια ιδιωτών, ο σχηματισμός και η αύξηση του κεφαλαίου. Η προϋπόθεση του κεφαλαίου είναι η μισθωτή εργασία. Η μισθωτή εργασία στηρίζεται αποκλειστικά στο συναγωνισμό ανάμεσα στους ίδιους τους εργάτες. Η πρόοδος της βιομηχανίας, που η αστική τάξη είναι ο άβουλος και παθητικός της φορέας, βάζει στη θέση της απομόνωσης των εργατών μέσα από το

συναγωνισμό την επαναστατική τους συνένωση μέσα από την οργάνωση. Έτσι, με την ανάπτυξη της μεγάλης βιομηχανίας αφαιρείται κάτω από τα πόδια της αστικής τάξης το ίδιο το έδαφος που πάνω στη βάση του παράγει και ιδιοποιείται τα προϊόντα. Πριν απ' όλα, η αστική τάξη παράγει τους ίδιους τους νεκροθάφτες της. Η πτώση της και η νίκη του προλεταριάτου είναι το ίδιο αναπόφευκτα.

Σ η μ ε ι ώ σ ε ι ς

1) Με τη λέξη αστική τάξη εννοούμε την τάξη των σύγχρονων καπιταλιστών που είναι κάτοχοι των κοινωνικών μέσων παραγωγής και που εκμεταλλεύονται μισθωτή εργασία. Με τη λέξη προλεταριάτο εννοούμε την τάξη των σύγχρονων μισθωτών εργατών που, επειδή δεν κατέχουν καθόλου δικά τους μέσα παραγωγής, είναι αναγκασμένοι να πουλούν την εργατική τους δύναμη για να μπορούν να ζήσουν. (Σημείωση του Ένγκελς στην αγγλική έκδοση του 1888).

2) Ή, ακριβέστερα, η γραφτή ιστορία. Το 1847 η προϊστορία της κοινωνίας, η κοινωνική οργάνωση που είχε προηγηθεί από κάθε γραφτή ιστορία, ήταν ακόμα σχεδόν άγνωστη. Τότε ο Χάξτχάουζεν ανακάλυψε την κοινή ιδιοκτησία της γης στη Ρωσία. Ο Μάουρερ απέδειξε ότι η κοινή ιδιοκτησία της γης αποτελεί την κοινωνική βάση απ' όπου προήλθαν ιστορικά όλες οι γερμανικές φυλές. Ύστερα ανακάλυψαν σιγά-σιγά ότι οι αγροτικές κοινότητες με την κοινή κατοχή της γης αποτελούσαν την πρωταρχική μορφή της κοινωνίας απ' τις Ινδίες ως την Ιρλανδία. Τέλος, η εσωτερική οργάνωση αυτής της πρωτόγονης κομμουνιστικής κοινωνίας αποκαλύφθηκε στην τυπική της μορφή με την ανακάλυψη του Μόργκαν που επιστέγασε όλο το έργο για την αληθινή φύση του γένους και τη θέση του μέσα στη φυλή. Με τη διάλυση αυτών των πρωταρχικών κοινοτήτων, αρχίζει ο χωρισμός της κοινωνίας σε ξεχωριστές και τελικά ανταγωνιζόμενες τάξεις. (Σημείωση του Ένγκελς στην αγγλική έκδοση του 1888 και στη γερμανική του 1890). Προσπάθησα να παρακολουθήσω την πορεία αυτής της διάλυσης στην Καταγωγή της οικογένειας, της ατομικής ιδιοκτησίας και του κράτους, δεύτερη έκδοση, Στουτγάρδη 1886. (Σημείωση του Ένγκελς στην αγγλική έκδοση του 1888).

3) Μάστορας των συντεχνιών-πρόκειται για μέλος της συντεχνίας που έχει όλα τα δικαιώματα, για μάστορα μέσα στη συντεχνία κι όχι για τον γεροντότερο μέσα σ' αυτήν. (Σημείωση του Ένγκελς στην αγγλική έκδοση του 1888).

4) Στην έκδοση του 1888 ύστερα από τη λέξη "πρόοδο" μπήκαν οι λέξεις "αυτής της τάξης" (σημ. Γερμ. σύντ.).

5) "Κοινότητες" λέγονταν οι πόλεις που δημιουργήθηκαν στη Γαλλία, ακόμα πριν να μπορέσουν να αποσπάσουν από τους φεουδάρχες αφέντες και τους μαστόρους τοπική αυτοδιοίκηση και πολιτικά δικαιώματα σαν "τρίτη τάξη". Για να μιλήσουμε γενικά, εδώ αναφέραμε σαν χαρακτηριστική χώρα για την οικονομική εξέλιξη της αστικής τάξης την Αγγλία και για την πολιτική της εξέλιξη τη Γαλλία. (Σημείωση του Ένγκελς στην αγγλική έκδοση του 1888). Έτσι λέγαν την αστική τους κοινότητα οι κάτοικοι των πόλεων στην Ιταλία και στη Γαλλία, μόλις εξαγόραζαν ή αποσπούσαν από τους φεουδάρχες αφέντες τους τα πρώτα δικαιώματα για αυτοδιοίκηση. (Σημείωση του Ένγκελς στη γερμανική έκδοση του 1890).

6) Στην έκδοση του 1888, ύστερα από τις λέξεις "ανεξάρτητη δημοκρατία των πόλεων", μπήκαν οι λέξεις "(όπως στην Ιταλία και στη Γερμανία)" και ύστερα από τις λέξεις "τρίτη τάξη, που ήταν φόρου υποτελής στη μοναρχία", μπήκαν οι λέξεις "(όπως στη Γαλλία)" (σημ. γερμ. σύντ.).

7) Σε κατοπινά έργα τους, ο Μαρξ κι ο Ένγκελς χρησιμοποίησαν αντί του όρου "αξία της εργασίας" και "τιμή της εργασίας" τους πιο ακριβείς όρους που εισήγαγε ο Μαρξ "αξία της εργατικής δύναμης" και "τιμή της εργατικής δύναμης". Βλ. σχετικά τις επεξηγήσεις στην εισαγωγή του Ένγκελς στη νέα έκδοση του έργου του Μαρξ Μισθωτή εργασία και κεφάλαιο, Βερολίνο 1891 (σημ. γερμ. συντ.).

8) Στην έκδοση του 1888 "βάρος της εργασίας" (σημ. γερμ. συντ.).

9) Στην έκδοση του 1888 ύστερα από τη λέξη "συνασπισμούς" προστέθηκε η λέξη "τρέιντ-γιούνιονς" (συνδικάτα) (σημ. γερμ. σύντ.).

10) Στην έκδοση του 1888 "τα δικά της πολιτικά και γενικά στοιχεία μόρφωσης" (σημ. γερμ. συντ.).

11) Στην έκδοση του 1888 "στοιχεία διαφώτισης και προόδου" (σημ. γερμ. σύντ.).

12) Κουρελοπρολεταριάτο (Lumpenproletariat), ξεπεσμένα, εξαθλιωμένα και εκφυλισμένα μικροαστικά και προλεταριακά στοιχεία (αλήτες, ζητιάνοι κλπ.) που έχασαν την ταξική τους θέση στην κοινωνία και μαζί και την ταξική τους συνείδηση (σημ. τ. μετ.).

Π ρ ο λ ε τ ά ρ ι ο ι   κ α ι   κ ο μ μ ο υ ν ι σ τ έ ς

Ποια είναι η σχέση των κομμουνιστών προς τους προλετάριους γενικά;

Οι κομμουνιστές δεν αποτελούν κανένα ιδιαίτερο κόμμα απέναντι στ' άλλα εργατικά κόμματα.

Δεν έχουν συμφέροντα που ξεχωρίζουν από τα συμφέροντα του προλεταριάτου στο σύνολο του.

Δεν διακηρύσσουν κάποιες ιδιαίτερες[1] αρχές, που σύμφωνα μ' αυτές θα ήθελαν να πλάσουν το προλεταριακό κίνημα.

Οι κομμουνιστές διαφέρουν από τα άλλα προλεταριακά κόμματα μονάχα κατά τούτο: ότι από τη μια μεριά, στους διάφορους εθνικούς αγώνες των προλετάριων τονίζουν και προβάλλουν τα συμφέροντα που είναι κοινά σ' όλο το προλεταριάτο κι ανεξάρτητα από την εθνότητα. Και από την άλλη, ότι στις διάφορες βαθμίδες ανάπτυξης του αγώνα ανάμεσα στο προλεταριάτο και την αστική τάξη, εκπροσωπούν πάντα τα συμφέροντα του κινήματος στο σύνολο του.

Στην πράξη, λοιπόν, οι κομμουνιστές είναι το πιο αποφασιστικό τμήμα των εργατικών κομμάτων όλων των χωρών, το τμήμα που τα κινεί πάντα

προς τα μπρος. Θεωρητικά, πλεονεκτούν από την υπόλοιπη μάζα του προλεταριάτου με τη σωστή αντίληψη για τις συνθήκες, την πορεία και τα γενικά αποτελέσματα του προλεταριακού κινήματος.

Ο άμεσος σκοπός των κομμουνιστών είναι ο ίδιος με το σκοπό όλων των άλλων προλεταριακών κομμάτων: συγκρότηση του προλεταριάτου σε τάξη, ανατροπή της κυριαρχίας της αστικής τάξης, κατάκτηση της πολιτικής εξουσίας από το προλεταριάτο.

Οι θεωρητικές θέσεις των κομμουνιστών δεν στηρίζονται καθόλου σε ιδέες, σε αρχές, που εφευρέθηκαν ή ανακαλύφθηκαν από τούτον ή εκείνον τον αναμορφωτή του κόσμου.

Οι θέσεις τους αποτελούν μονάχα τη γενική έκφραση πραγματικών σχέσεων της υπάρχουσας πάλης των τάξεων, της ιστορικής κίνησης που συντελείται μπρος στα μάτια μας. Η κατάργηση των μέχρι τώρα σχέσεων ιδιοκτησίας δεν αποτελεί καθόλου ιδιαίτερο χαρακτηριστικό του κομμουνισμού.

Όλες οι σχέσεις ιδιοκτησίας υπόκεινταν σε μια συνεχή ιστορική αλλαγή, σε μια συνεχή ιστορική μεταβολή.

Η γαλλική επανάσταση, για παράδειγμα, κατάργησε τη φεουδαρχική ιδιοκτησία προς όφελος της αστικής ιδιοκτησίας.

Αυτό που χαρακτηρίζει τον κομμουνισμό δεν είναι η κατάργηση της ιδιοκτησίας γενικά, αλλά η κατάργηση της αστικής ιδιοκτησίας.

Η σύγχρονη, όμως, αστική ατομική ιδιοκτησία είναι η τελευταία, η πληρέστερη έκφραση της παραγωγής και ιδιοποίησης των προϊόντων, που στηρίζεται σε ταξικές αντιθέσεις, στην εκμετάλλευση τον ενός απ' τον άλλο[2].

Μ' αυτή την έννοια, οι κομμουνιστές μπορούν να συνοψίσουν τη θεωρία τους σ' αυτή τη μοναδική διατύπωση: κατάργηση της ατομικής ιδιοκτησίας.

εκδόσεις ΚΥΖΑΚΗΣ

Μας κατηγόρησαν εμάς τους κομμουνιστές, πως θέλουμε να καταργήσουμε την ιδιοκτησία που αποκτήθηκε με την προσωπική δουλειά, με την ατομική εργασία, την ιδιοκτησία που αποτελεί τη βάση κάθε προσωπικής ελευθερίας, δραστηριότητας και αυτοτέλειας.

Την ιδιοκτησία που είναι προϊόν δουλειάς, που αποκτήθηκε και κερδήθηκε με την προσωπική εργασία! Μήπως μιλάτε για τη μικροαστική, τη μικροαγροτική ιδιοκτησία που είναι προγενέστερη από την αστική ιδιοκτησία; Αυτή δεν χρειάζεται να την καταργήσουμε εμείς, αυτή την κατάργησε και την καταργεί καθημερινά η ανάπτυξη της βιομηχανίας.

Ή μήπως μιλάτε για τη σύγχρονη αστική ατομική ιδιοκτησία;

Αλλά μήπως η μισθωτή εργασία, η εργασία του προλεταριάτου, του δημιουργεί ιδιοκτησία; Καθόλου. Δημιουργεί το κεφάλαιο, δηλαδή την ιδιοκτησία που εκμεταλλεύεται τη μισθωτή εργασία και που μπορεί να αυξάνει μόνο με τον όρο ότι θα παράγει καινούργια μισθωτή εργασία, για να την εκμεταλλεύεται και πάλι. Στην τωρινή της μορφή, η ιδιοκτησία κινείται μέσα στην αντίθεση του κεφαλαίου και της μισθωτής εργασίας. Ας εξετάσουμε τις δύο πλευρές αυτής της αντίθεσης.

Το να είσαι καπιταλιστής δεν σημαίνει να κατέχεις μονάχα μια καθαρά προσωπική θέση, αλλά μια κοινωνική θέση στην παραγωγή. Το κεφάλαιο είναι συλλογικό προϊόν και μπορεί να μπει σε κίνηση μονάχα με την κοινή δράση πολλών μελών και, σε τελευταία ανάλυση μάλιστα, μονάχα με την κοινή δράση όλων των μελών της κοινωνίας.

Το κεφάλαιο, λοιπόν, δεν είναι μια προσωπική δύναμη, αλλά μια κοινωνική δύναμη.

Αν λοιπόν το κεφάλαιο μεταβληθεί σε κοινή ιδιοκτησία, που θα ανήκει σ' όλα τα μέλη της κοινωνίας, τότε δεν μετατρέπεται μια προσωπική ιδιοκτησία σε κοινωνική. Μεταβάλλεται μονάχα ο κοινωνικός χαρακτήρας της ιδιοκτησίας. Χάνει τον ταξικό της χαρακτήρα.

Ας έρθουμε στη μισθωτή εργασία.

Η μέση τιμή της μισθωτής εργασίας είναι το κατώτατο όριο του μισθού της εργασίας, δηλαδή του ποσού των μέσων συντήρησης που είναι απαραίτητα για να διατηρηθεί ο εργάτης στη ζωή σαν εργάτης. Αυτό λοιπόν που ιδιοποιείται ο εργάτης με τη δραστηριότητά του, τον φτάνει ίσα-ίσα για να αναπαράγει μονάχα τη γυμνή ύπαρξή του. Με κανέναν τρόπο δεν θέλουμε να καταργήσουμε αυτή την προσωπική ιδιοποίηση των προϊόντων της εργασίας, που είναι απαραίτητη για την αναπαραγωγή της άμεσης ζωής, μια ιδιοποίηση, που δεν αφήνει κανένα καθαρό κέρδος που θα μπορούσε να δώσει δικαίωμα πάνω σε ξένη δουλειά. Θέλουμε μονάχα να εξαλείψουμε τον άθλιο χαρακτήρα αυτής της ιδιοποίησης, όπου ο εργάτης ζει μόνο για να αυξάνει το κεφάλαιο και ζει μόνο όσο το απαιτούν τα συμφέροντα της κυρίαρχης τάξης.

Στην αστική κοινωνία η ζωντανή δουλειά είναι μονάχα ένα μέσο για να αυξάνει η συσσωρευμένη εργασία. Στην κομμουνιστική κοινωνία η συσσωρευμένη εργασία είναι μονάχα ένα μέσο για να διευρύνει, να πλουτίζει και να προάγει τη ζωή των εργατών.

Στην αστική κοινωνία, λοιπόν, το παρελθόν κυριαρχεί πάνω στο παρόν. Στην κομμουνιστική κοινωνία το παρόν κυριαρχεί πάνω στο παρελθόν. Στην αστική κοινωνία το κεφάλαιο είναι αυτοτελές και προσωπικό, ενώ το άτομο που δρα είναι χωρίς αυτοτέλεια και χωρίς προσωπικότητα.

Και την κατάργηση αυτής της κατάστασης η αστική τάξη την ονομάζει κατάργηση της προσωπικότητας και της ελευθερίας! Και με το δίκιο της. Γιατί πρόκειται ουσιαστικά για την κατάργηση της αστικής προσωπικότητας, της αστικής αυτοτέλειας και της αστικής ελευθερίας.

Με τη λέξη ελευθερία εννοούν, μέσα στις τωρινές συνθήκες των αστικών σχέσεων παραγωγής, το ελεύθερο εμπόριο, την ελεύθερη αγορά και πώληση.

Αν όμως εξαφανιστεί το εμπόριο, εξαφανίζεται μαζί και το ελεύθερο εμπόριο. Οι φλυαρίες για ελεύθερο εμπόριο, καθώς και τα παχιά λόγια της αστικής μας τάξης για ελευθερία, έχουν γενικά κάποιο νόημα όταν πρόκειται για το δεσμευμένο εμπόριο, για τον υποδουλωμένο αστό του

μεσαίωνα, δεν έχουν όμως κανένα νόημα όταν πρόκειται για την κομμουνιστική κατάργηση του εμπορίου, για την κατάργηση των αστικών σχέσεων παραγωγής και για την κατάργηση ης ίδιας της αστικής τάξης.

Σας πιάνει τρόμος γιατί θέλουμε να καταργήσουμε την ατομική ιδιοκτησία. Όμως στη σημερινή σας κοινωνία, η ατομική ιδιοκτησία έχει καταργηθεί για τα εννιά δέκατα των μελών της. Και υπάρχει ίσα-ίσα, γιατί δεν υπάρχει για τα εννιά δέκατα. Μας κατηγορείτε, λοιπόν, γιατί θέλουμε να καταργήσουμε μια ιδιοκτησία που προϋποθέτει σαν απαραίτητο όρο την έλλειψη ιδιοκτησίας για την τεράστια πλειοψηφία της κοινωνίας.

Με μια λέξη, μας κατηγορείτε γιατί θέλουμε να καταργήσουμε τη δική σας ιδιοκτησία. Ναι, πραγματικά αυτό θέλουμε.

Από τη στιγμή που η εργασία δεν θα μπορεί πια να μετατρέπεται σε κεφάλαιο, σε χρήμα, σε γαιοπρόσοδο, με μια λέξη, σε κοινωνική δύναμη που μπορεί να μονοπωληθεί, δηλαδή από τη στιγμή που η προσωπική ιδιοκτησία δεν θα μπορεί πια να μεταβάλλεται σε αστική ιδιοκτησία, απ' αυτήν τη στιγμή διακηρύχνετε ότι καταργείται το άτομο.

Ομολογείτε, λοιπόν, πως με τη λέξη άτομο δεν εννοείτε παρά μονάχα τον αστό, μονάχα τον αστό ιδιοκτήτη. Κι αυτό το άτομο πρέπει πραγματικά να εξαλειφθεί.

Ο κομμουνισμός δεν αφαιρεί από κανέναν τη δυνατότητα να ιδιοποιείται κοινωνικά προϊόντα. Αφαιρεί μόνο τη δυνατότητα να υποδουλώνει με την ιδιοποίηση αυτή ξένη εργασία.

Αντέταξαν ότι με την κατάργηση της ατομικής ιδιοκτησίας θα σταματήσει κάθε δραστηριότητα και ότι θα επικρατήσει μια γενική τεμπελιά.

Αν ήταν έτσι, τότε από πολύν καιρό η αστική κοινωνία θα είχε καταστραφεί από την αδράνεια, αφού αυτοί που δουλεύουν σ' αυτήν δεν κερδίζουν τίποτα, κι αυτοί που κερδίζουν δεν δουλεύουν. Όλος αυτός ο συλλογισμός καταλήγει στην ταυτολογία ότι δεν θα υπάρχει πια μισθωτή εργασία, μόλις θα παύσει να υπάρχει πια κεφάλαιο.

Όλες οι αντιρρήσεις που στρέφονται ενάντια στον κομμουνιστικό τρόπο ιδιοποίησης και παραγωγής των υλικών προϊόντων, επεκτάθηκαν επίσης και ενάντια στην ιδιοποίηση και την παραγωγή των προϊόντων της πνευματικής εργασίας. Όπως για τον αστό η κατάργηση της ταξικής ιδιοκτησίας σημαίνει την κατάργηση της ίδιας της παραγωγής, έτσι και η κατάργηση της ταξικής μόρφωσης είναι γι' αυτόν ταυτόσημη με την κατάργηση της μόρφωσης γενικά.

Η μόρφωση, που ο αστός κλαίει το χαμό της, σημαίνει για την τεράστια πλειοψηφία τη μετατροπή της σε εξάρτημα της μηχανής.

Μη λογομαχείτε όμως μαζί μας, αναμετρώντας την κατάργηση της αστικής ιδιοκτησίας με τις αστικές σας αντιλήψεις για ελευθερία, μόρφωση, δίκαιο κλπ. Οι ίδιες οι ιδέες σας είναι προϊόντα των αστικών σχέσεων παραγωγής και ιδιοκτησίας, όπως και το δίκαιό σας είναι η θέληση της τάξης σας που αναγορεύτηκε σε νόμο, θέληση που το περιεχόμενό της καθορίζεται από τις υλικές συνθήκες ύπαρξης της τάξης σας.

Μαζί μ' όλες τις κυρίαρχες τάξεις που εξαφανίστηκαν συμμερίζεστε κι εσείς τη συμφεροντολογική αντίληψη, σύμφωνα με την οποία μετατρέπετε τις σχέσεις σας παραγωγής και ιδιοκτησίας, από σχέσεις ιστορικές και παροδικές μέσα στην πορεία της παραγωγής, σε αιώνιους φυσικούς και λογικούς νόμους. Αυτό που παραδέχεστε για την αρχαία ιδιοκτησία, αυτό που παραδέχεστε για τη φεουδαρχική ιδιοκτησία δεν μπορείτε πια να το παραδεχτείτε για την αστική ιδιοκτησία.

Κατάργηση της οικογένειας! Ακόμα και οι πιο ριζοσπάστες αγανακτούν γι' αυτή την επαίσχυντη πρόθεση των κομμουνιστών.

Πάνω σε ποια βάση στηρίζεται η σημερινή, η αστική οικογένεια; Πάνω στο κεφάλαιο, πάνω στο ατομικό κέρδος. Η οικογένεια αυτή σε ολόπλευρα αναπτυγμένη μορφή υπάρχει μονάχα για την αστική τάξη. Έχει όμως το συμπλήρωμά της στην αναγκαστική έλλειψη της οικογένειας για τον προλετάριο και στη δημόσια πορνεία.

Η αστική οικογένεια εξαλείφεται φυσικά μαζί με την εξάλειψη αυτού του συμπληρώματός της, και τα δύο εξαφανίζονται μαζί με την εξαφάνιση του κεφαλαίου.

Μας κατηγορείτε γιατί θέλουμε να καταργήσουμε την εκμετάλλευση των παιδιών απ' τους γονείς τους; Το ομολογούμε αυτό το έγκλημα.

Μας λέτε, όμως, ότι καταργούμε τις πιο προσφιλείς σχέσεις, αντικαθιστώντας τη διαπαιδαγώγηση στο σπίτι με την κοινωνική διαπαιδαγώγηση.

Και μήπως και η δική σας διαπαιδαγώγηση δεν καθορίζεται από την κοινωνία; Μήπως δεν καθορίζεται από τις κοινωνικές συνθήκες μέσα στις οποίες ανατρέφετε τα παιδιά σας με την άμεση ή έμμεση ανάμειξη της κοινωνίας, με το σχολείο κλπ.; Την επίδραση της κοινωνίας στη διαπαιδαγώγηση δεν την εφευρίσκουν οι κομμουνιστές· αυτοί μόνο το χαρακτήρα της αλλάζουν, αποσπούν τη διαπαιδαγώγηση από την επίδραση της κυρίαρχης τάξης.

Οι αστικές φλυαρίες για την οικογένεια και τη διαπαιδαγώγηση, για τις προσφιλείς σχέσεις των γονιών με τα παιδιά, γίνονται τόσο πιο αηδιαστικές, όσο περισσότερο, εξαιτίας της μεγάλης βιομηχανίας, σπάνε όλοι οι οικογενειακοί δεσμοί για τους προλετάριους και τα παιδιά μεταβάλλονται σε απλά εμπορικά είδη και όργανα εργασίας.

Μα εσείς οι κομμουνιστές θέλετε να φέρετε την κοινοκτημοσύνη των γυναικών, φωνάζει "εν χορώ" ολόκληρη η αστική τάξη.

Ο αστός βλέπει στη γυναίκα του ένα απλό εργαλείο παραγωγής. Ακούει να λένε πως τα εργαλεία παραγωγής πρόκειται να τα εκμεταλλεύονται από κοινού και φυσικά δεν μπορεί να σκεφτεί τίποτε άλλο, παρά ότι η μοίρα της κοινοκτημοσύνης θα βρει και τις γυναίκες.

Δεν υποπτεύεται καν πως πρόκειται ακριβώς να καταργηθεί η θέση της γυναίκας σαν απλό εργαλείο παραγωγής.

Κατά τα άλλα, δεν υπάρχει τίποτα πιο γελοίο από την υπερηθική φρίκη που προκαλεί στους αστούς μας η δήθεν επίσημη κοινοκτημοσύνη των γυναικών από τους κομμουνιστές. Οι κομμουνιστές δεν έχουν ανάγκη

να καθιερώσουν την κοινοκτημοσύνη των γυναικών: αυτή υπήρχε σχεδόν πάντα.

Οι αστοί μας, μη όντας ευχαριστημένοι απ' το γεγονός ότι έχουν στη διάθεσή τους τις γυναίκες και τις κόρες των προλετάριών τους, χωρίς καν να γίνεται λόγος για την επίσημη πορνεία, βρίσκουν μια ιδιαίτερη ευχαρίστηση να ξελογιάζουν ο ένας τη γυναίκα του άλλου.

Ο αστικός γάμος είναι στην πραγματικότητα η κοινοκτημοσύνη των παντρεμένων γυναικών. Το πολύ-πολύ θα μπορούσαν να κατηγορήσουν τους κομμουνιστές ότι στη θέση μιας υποκριτικά καλυμμένης κοινοκτημοσύνης των γυναικών θέλουν να βάλουν μια επίσημη, ανοιχτόκαρδη κοινοκτημοσύνη. Άλλωστε είναι αυτονόητο πως με την κατάργηση των σημερινών σχέσεων παραγωγής εξαφανίζεται και η κοινοκτημοσύνη των γυναικών που απορρέει από αυτές, δηλαδή η επίσημη και η ανεπίσημη πορνεία.

Ακόμα κατηγορήθηκαν οι κομμουνιστές ότι θέλουν τάχα να καταργήσουν την πατρίδα, την εθνότητα.

Οι εργάτες δεν έχουν πατρίδα. Δεν μπορεί να τους πάρεις αυτό που δεν έχουν. Αφού, όμως, το προλεταριάτο πρέπει κατ' αρχήν να κατακτήσει την πολιτική εξουσία, να ανυψωθεί σε εθνική τάξη[3], να συγκροτηθεί το ίδιο σαν έθνος, είναι και το ίδιο ακόμα εθνικό, αν και σε καμιά περίπτωση με την έννοια που δίνει η αστική τάξη.

Οι εθνικοί χωρισμοί και οι εθνικές αντιθέσεις ανάμεσα στους λαούς εξαφανίζονται όλο και περισσότερο με την ανάπτυξη της αστικής τάξης, την ελευθερία του εμπορίου, την παγκόσμια αγορά, την ομοιομορφία της βιομηχανικής παραγωγής και των συνθηκών ζωής που αντιστοιχούν σ' αυτήν.

Η κυριαρχία του προλεταριάτου θα τους εξαφανίσει ακόμα πιο πολύ. Η κοινή δράση, τουλάχιστον των πολιτισμένων χωρών, αποτελεί έναν από τους πρώτους όρους της απελευθέρωσής του.

Στο βαθμό που θα καταργείται η εκμετάλλευση του ενός ατόμου από το άλλο, θα καταργείται και η εκμετάλλευση του ενός έθνους από το άλλο.

Μαζί με την εξάλειψη της αντίθεσης των τάξεων στο εσωτερικό των εθνών, εξαλείφεται και η εχθρική στάση των εθνών μεταξύ τους.

Οι κατηγορίες ενάντια στον κομμουνισμό που γίνονται γενικά από θρησκευτική, φιλοσοφική και ιδεολογική σκοπιά δεν αξίζουν να συζητηθούν διεξοδικά.

Χρειάζεται μήπως μεγάλη νοημοσύνη για να καταλάβει κανείς ότι μαζί με τις συνθήκες ζωής των ανθρώπων, μαζί με τις κοινωνικές τους σχέσεις, με την κοινωνική τους ύπαρξη, αλλάζουν και οι παραστάσεις, οι αντιλήψεις και οι έννοιές τους, με μια λέξη αλλάζει και η συνείδησή τους;

Τι άλλο αποδείχνει η ιστορία των ιδεών, παρά ότι η πνευματική παραγωγή μεταβάλλεται μαζί με την υλική παραγωγή; Οι κυρίαρχες ιδέες μιας εποχής ήταν πάντα μονάχα οι ιδέες της κυρίαρχης τάξης.

Μιλάνε για ιδέες που επαναστατικοποιούν μια ολόκληρη κοινωνία. Μ' αυτό εκφράζουν μονάχα το γεγονός, ότι μέσα στην παλιά κοινωνία σχηματίστηκαν τα στοιχεία μιας νέας, ότι με τη διάλυση των παλιών συνθηκών ζωής συμβαδίζει η διάλυση των παλιών ιδεών.

Όταν ο αρχαίος κόσμος βρισκόταν στη δύση του, οι παλιές θρησκείες νικήθηκαν από τη χριστιανική θρησκεία. Όταν το 18ο αιώνα οι χριστιανικές ιδέες υπέκυψαν στις ιδέες του διαφωτισμού, η φεουδαρχική κοινωνία πάλευε για ζωή και θάνατο με την αστική τάξη που ήταν τότε επαναστατική. Οι ιδέες της ελευθερίας της συνείδησης και της θρησκείας εκφράζανε μονάχα την κυριαρχία του ελεύθερου συναγωνισμού στο πεδίο της γνώσης[4].

"Αλλά", θα μας πουν, "οι θρησκευτικές, ηθικές, φιλοσοφικές, πολιτικές, νομικές ιδέες κλπ. έχουν βέβαια αλλάζει μέσα στην πορεία της ιστορικής εξέλιξης. Όμως, η θρησκεία, η ηθική, η φιλοσοφία, η πολιτική, το δίκαιο διατηρούνται πάντα μέσα σ' αυτή την αλλαγή.

Υπάρχουν ακόμα αιώνιες αλήθειες, όπως η ελευθερία, η δικαιοσύνη κλπ., που είναι κοινές σ' όλες τις κοινωνικές καταστάσεις. Ο

κομμουνισμός όμως καταργεί τις αιώνιες αλήθειες, καταργεί τη θρησκεία, την ηθική, αντί να ανανεώσει τη μορφή τους, αντιφάσκει επομένως με όλες τις προηγούμενες ιστορικές εξελίξεις."

Σε τι συνοψίζεται αυτή η κατηγορία; Η ιστορία όλης της ως τώρα κοινωνίας κινήθηκε μέσα σε ταξικές αντιθέσεις, που στις διάφορες εποχές διαμορφώνονται διαφορετικά.

Όμως, οποιαδήποτε μορφή κι αν πήραν, η εκμετάλλευση του ενός μέρους της κοινωνίας από το άλλο είναι ένα γεγονός κοινό σ' όλους τους προηγούμενους αιώνες. Γι' αυτό δεν είναι καθόλου περίεργο ότι η κοινωνική συνείδηση όλων των αιώνων, σε πείσμα κάθε διαφοράς και ποικιλομορφίας, κινείται μέσα σε ορισμένες κοινές μορφές, σε μορφές συνείδησης, που θα διαλυθούν ολοκληρωτικά μονάχα με την πλήρη εξαφάνιση της ταξικής αντίθεσης.

Η κομμουνιστική επανάσταση αποτελεί την πιο ριζική ρήξη με τις πατροπαράδοτες σχέσεις ιδιοκτησίας. Δεν είναι καθόλου περίεργο που στην πορεία της ανάπτυξής της ξεκόβει με τον πιο ριζικό τρόπο με τις πατροπαράδοτες ιδέες.

Όμως ας αφήσουμε τώρα τις αντιρρήσεις της αστικής τάξης ενάντια στον κομμουνισμό.

Είδαμε κιόλας πιο πάνω ότι το πρώτο βήμα στην εργατική επανάσταση είναι η ανύψωση του προλεταριάτου σε κυρίαρχη τάξη, η κατάκτηση της δημοκρατίας.

Το προλεταριάτο θα χρησιμοποιήσει την πολιτική του κυριαρχία για ν' αποσπάσει βαθμιαία από την αστική τάξη όλο το κεφάλαιο, να συγκεντρώσει όλα τα εργαλεία παραγωγής στα χέρια του κράτους, δηλαδή του προλεταριάτου που είναι οργανωμένο σαν κυρίαρχη τάξη, και να αυξήσει όσο το δυνατόν πιο γρήγορα τη μάζα των παραγωγικών δυνάμεων.

Αυτό, φυσικά, στην αρχή μπορεί να γίνει μονάχα με δεσποτικές επεμβάσεις στο δικαίωμα της ιδιοκτησίας και στις αστικές σχέσεις

παραγωγής, δηλαδή με μέτρα που οικονομικά φαίνονται ανεπαρκή και αστήρικτα, αλλά που στην πορεία τον κινήματος ξεπερνούν τον εαυτό τους και γίνονται αναπόφευκτα το μέσο για να ανατραπεί ολόκληρος ο τρόπος παραγωγής.

Αυτά τα μέτρα, φυσικά, θα είναι διαφορετικά ανάλογα με τις διάφορες χώρες.

Ωστόσο, για τις πιο προχωρημένες χώρες θα μπορούν να μπουν σε εφαρμογή, σχεδόν παντού, τα παρακάτω μέτρα:

1. Απαλλοτρίωση της γαιοκτησίας και χρησιμοποίηση της γαιοπροσόδου, για να αντιμετωπιστούν οι κρατικές δαπάνες.
2. Γερή προοδευτική φορολογία.
3. Κατάργηση του κληρονομικού δικαίου.
4. Κατάσχεση της περιουσίας όλων των φυγάδων και των στασιαστών.
5. Συγκέντρωση της πίστης στα χέρια του κράτους, μέσω μιας εθνικής τράπεζας, που τα κεφάλαιά της θα ανήκουν στο κράτος και που θα έχει το αποκλειστικό μονοπώλιο.
6. Συγκέντρωση στα χέρια του κράτους όλων των μέσων μεταφοράς.
7. Αύξηση του αριθμού των εθνικών εργοστασίων και των εργαλείων παραγωγής. Εκχέρσωση και βελτίωση των γαιών, σύμφωνα μ' ένα γενικό σχέδιο.
8. Ίση υποχρεωτική δουλειά για όλους. Οργάνωση βιομηχανικών στρατών, ιδιαίτερα για τη γεωργία.
9. Συνδυασμός της γεωργίας και της βιομηχανίας. Μέτρα που τείνουν στο να εξαφανίσουν βαθμιαία τη διαφορά[5] ανάμεσα στην πόλη και την ύπαιθρο.
10. Δημόσια και δωρεάν εκπαίδευση για όλα τα παιδιά. Κατάργηση της δουλειάς των παιδιών στα εργοστάσια με τη σημερινή της μορφή. Συνδυασμός της εκπαίδευσης με την υλική παραγωγή κλπ. κλπ.

Όταν στην πορεία της εξέλιξης θα έχουν εξαφανιστεί οι ταξικές διαφορές, κι όταν θα έχει συγκεντρωθεί όλη η παραγωγή στα χέρια των οργανωμένων ατόμων, τότε η δημόσια εξουσία θα χάσει τον πολιτικό

της χαρακτήρα. Η πολιτική εξουσία στην ουσία της είναι η οργανωμένη βία μιας τάξης για την καταπίεση μιας άλλης. Όταν το προλεταριάτο στην πάλη του ενάντια στην αστική τάξη συγκροτείται αναγκαστικά σε τάξη, όταν γίνεται με μια επανάσταση κυρίαρχη τάξη και σαν κυρίαρχη τάξη καταργεί βίαια τις παλιές σχέσεις παραγωγής, τότε μαζί μ' αυτές τις σχέσεις παραγωγής καταργεί τους όρους ύπαρξης της ταξικής αντίθεσης, τις τάξεις γενικά[6] και έτσι και την ίδια τη δικιά του κυριαρχία σαν τάξη.

Στη θέση της παλιάς αστικής κοινωνίας με τις τάξεις και τις ταξικές της αντιθέσεις έρχεται μια ένωση, όπου η ελεύθερη ανάπτυξη του καθενός είναι η προϋπόθεση για την ελεύθερη ανάπτυξη όλων.

Σ η μ ε ι ώ σ ε ι ς

1) Στην έκδοση του 1888 "αιρετικές" (σημ. γερμ. σύντ.).

2) Στην έκδοση του 1888 "εκμετάλλευση της πλειοψηφίας από τη μειοψηφία" (σημ. γερμ. σύντ.).

3) Στην έκδοση του 1888 "να ανυψωθεί σε ηγέτιδα τάξη του έθνους" (σημ. γερμ. σύντ.).

4) Στην έκδοση του 1848 "της συνείδησης" (σημ. γερμ. σύντ.).

5) Στην έκδοση του 1848 "αντίθεση" (σημ. γερμ. σύντ.).

6) Στην έκδοση του 1848 "των τάξεων γενικά" (σημ. γερμ. σύντ.).

Σοσιαλιστική και Κομμουνιστική φιλολογία

1. Ο ΑΝΤΙΔΡΑΣΤΙΚΟΣ ΣΟΣΙΑΛΙΣΜΟΣ

<u>α) Ο φεουδαρχικός σοσιαλισμός</u>

Η γαλλική και η αγγλική αριστοκρατία απ' την ίδια την ιστορική της θέση ήταν προορισμένη να γράφει λίβελους ενάντια στη σύγχρονη αστική κοινωνία. Στη γαλλική επανάσταση του Ιούλη του 1830, στο αγγλικό κίνημα για τη μεταρρύθμιση, η αριστοκρατία υπέκυψε για μια ακόμα φορά στο μισητό νεόπλουτο. Δεν μπορούσε πια να γίνεται λόγος για ένα σοβαρό πολιτικό αγώνα. Μονάχα η φιλολογική πάλη της απέμεινε.

Αλλά και στον τομέα της φιλολογίας είχε γίνει αδύνατη η παλιά φρασεολογία της εποχής της παλινόρθωσης[1]. Η αριστοκρατία για να προκαλέσει συμπάθειες έπρεπε να παραβλέψει φαινομενικά τα δικά της συμφέροντα και να διατυπώσει το κατηγορητήριο της ενάντια στην αστική τάξη μονάχα προς το συμφέρον της εργατική5 τάξης που ήταν θύμα της εκμετάλλευσης. Έτσι απολάμβανε την ικανοποίηση ότι μπορούσε ν' απευθύνει λίβελους ενάντια στο νέο αφεντικό της και να του ψιθυρίζει στ' αυτί λίγο-πολύ μαύρες προφητείες.

Μ' αυτόν τον τρόπο γεννήθηκε ο φεουδαρχικός σοσιαλισμός, μισός ιερεμιάδα, μισός λίβελος, μισός αντίλαλος απ' το παρελθόν, μισός απειλή για το μέλλον, κάποτε χτυπώντας κατάστηθα την αστική τάξη με πικρόχολη, πνευματική, σαρκαστική κριτική, αλλά που φαινόταν πάντα κωμικός με την ολοκληρωτική ανικανότητά του να κατανοήσει την πορεία της σύγχρονης ιστορίας.

Για να πάρουν μαζί τους το λαό, ανέμιζαν για σημαία τον προλεταριακό σάκο της επαιτείας. Κάθε φορά όμως που ο λαός τους ακολουθούσε, έβλεπε από πίσω τους τα παλιά φεουδαρχικά οικόσημα και σκόρπιζε ξεσπάζοντας σε βροντερά ασεβή γέλια.

Ένα μέρος από τους γάλλους νομιμόφρονες[2] και η "Νέα Αγγλία"[3] πρόσφεραν στον κόσμο αυτό το θέαμα.

Όταν οι φεουδάρχες αποδείχνουν ότι ο δικός τους τρόπος εκμετάλλευσης ήταν αλλιώς διαμορφωμένος από τον αστικό, τότε ξεχνούν μονάχα ένα πράγμα, ότι αυτοί ασκούσαν την εκμετάλλευση μέσα σε ολότελα διαφορετικές καταστάσεις και συνθήκες που έχουν ξεπεραστεί σήμερα. Όταν αποδείχνουν ότι κάτω από τη δική τους κυριαρχία δεν υπήρχε το σύγχρονο προλεταριάτο, ξεχνούν μόνο ότι η σύγχρονη αστική τάξη ήταν ίσα-ίσα ένας αναγκαίος γόνος του δικού τους κοινωνικού καθεστώτος.

Κατά τα άλλα αποσιωπούν τόσο λίγο τον αντιδραστικό χαρακτήρα της κριτικής τους, που η κύριά τους κατηγορία ενάντια στην αστική τάξη είναι ακριβώς ότι στο καθεστώς της αναπτύσσεται μια τάξη που θα τινάξει στον αέρα όλο το παλιό κοινωνικό καθεστώς.

Κατηγορούν την αστική τάξη ακόμα περισσότερο ότι δημιουργεί ένα επαναστατικό προλεταριάτο και όχι ένα προλεταριάτο γενικά.

Γι' αυτό, στην πολιτική πρακτική συμμετέχουν σ' όλα τα μέτρα βίας ενάντια στην εργατική τάξη. Και στην καθημερινή ζωή, παρ' όλη τη φουσκωμένη φρασεολογία τους, καταδέχονται να μαζεύουν τα χρυσά μήλα[4] και να εμπορεύονται και ν' ανταλλάσσουν την πίστη, τον έρωτα και την τιμή, με μαλλί, κοκκινογούλια και ρακή[5].

Κι όπως ο παπάς κι ο φεουδάρχης βάδιζαν πάντα χέρι με χέρι, έτσι και ο παπαδίστικος σοσιαλισμός βαδίζει χέρι με χέρι με το φεουδαρχικό σοσιαλισμό.

Δεν υπάρχει πιο εύκολο πράγμα από το να δώσεις ένα σοσιαλιστικό επίχρισμα στο χριστιανικό ασκητισμό. Μήπως ο χριστιανισμός δεν καταφέρθηκε κι ενάντια στην ατομική ιδιοκτησία, ενάντια στο γάμο, ενάντια στο κράτος; Μήπως στη θέση τους δεν κήρυχνε την αγαθοεργία και τη ζητιανιά, την αγαμία και τη θανάτωση της σάρκας, το μοναχικό

εκδόσεις ΚΥΖΑΚΗΣ

βίο και την εκκλησία; Ο χριστιανικός[6] σοσιαλισμός δεν είναι παρά ο αγιασμός που μ' αυτόν ο παπάς ευλογεί το θυμό του αριστοκράτη.

β) Ο μικροαστικός σοσιαλισμός

Η φεουδαρχική αριστοκρατία δεν είναι η μοναδική τάξη που γκρεμίστηκε από την αστική τάξη, δεν είναι η μοναδική τάξη που οι συνθήκες της ζωής της μαραίνονταν και σβήνανε μέσα στη σύγχρονη αστική κοινωνία. Οι ελεύθεροι αστοί και η μικρή αγροτική τάξη του μεσαίωνα ήταν οι πρόδρομοι της σύγχρονης αστικής τάξης. Στις βιομηχανικά και εμπορικά λιγότερο αναπτυγμένες χώρες, αυτή η τάξη εξακολουθεί να φυτοζωεί πλάι στην αστική τάξη που αναπτύσσεται.

Στις χώρες όπου αναπτύχθηκε ο σύγχρονος πολιτισμός, διαμορφώθηκε μια καινούργια τάξη μικροαστών, που ταλαντεύεται ανάμεσα στο προλεταριάτο και την αστική τάξη και που σαν συμπληρωματικό κομμάτι της αστικής κοινωνίας ξαναδημιουργείται πάντα απ' την αρχή, που τα μέλη της όμως εκσφενδονίζονται διαρκώς μέσα από το συναγωνισμό προς τα κάτω, προς το προλεταριάτο, και που ακόμα, με την ανάπτυξη της μεγάλης βιομηχανίας, βλέπουν να πλησιάζει η στιγμή που θα εξαφανιστούν ολότελα σαν αυτοτελές τμήμα της σύγχρονης κοινωνίας και θα αντικατασταθούν στο εμπόριο, τη μανιφακτούρα και τη γεωργία, με επιστάτες και υπηρέτες.

Σε χώρες όπως στη Γαλλία, όπου η αγροτική τάξη αποτελεί πολύ περισσότερο από το μισό του πληθυσμού, ήταν φυσικό συγγραφείς, που πήγαιναν μαζί με το προλεταριάτο ενάντια στην αστική τάξη, να χρησιμοποιήσουν στην κριτική τους για το αστικό καθεστώς το μικροαστικό και μικροαγροτικό μέτρο και να πάρουν το μέρος των εργατών από τη μικροαστική σκοπιά. Έτσι διαμορφώθηκε ο μικροαστικός σοσιαλισμός. Ο Σισμοντί είναι ο αρχηγός αυτής της φιλολογίας, όχι μονάχα για τη Γαλλία, αλλά και για την Αγγλία.

Ο σοσιαλισμός αυτός ανέλυσε με πολύ μεγάλη οξύνοια τις αντιφάσεις που υπάρχουν στις σύγχρονες σχέσεις παραγωγής. Ξεσκέπασε τις υποκριτικές ωραιοποιήσεις των οικονομολόγων. Απέδειξε με

αδιάψευστο τρόπο τα καταστροφικά αποτελέσματα των μηχανών και του καταμερισμού της εργασίας, τη συγκέντρωση των κεφαλαίων και της γαιοκτησίας, την υπερπαραγωγή, τις κρίσεις, τον αναγκαστικό αφανισμό των μικροαστών και αγροτών, την αθλιότητα του προλεταριάτου, την αναρχία στην παραγωγή, την κραυγαλέα δυσαναλογία στη διανομή του πλούτου, τον εξοντωτικό βιομηχανικό πόλεμο ανάμεσα στα έθνη, τη διάλυση των παλιών εθίμων, των παλιών οικογενειακών σχέσεων, των παλιών εθνοτήτων.

Ωστόσο, στο θετικό του περιεχόμενο, ο σοσιαλισμός αυτός θέλει είτε ν' αποκαταστήσει τα παλιά μέσα παραγωγής και ανταλλαγής και μαζί τους τις παλιές σχέσεις ιδιοκτησίας και την παλιά κοινωνία, είτε να κλείσει ξανά με τη βία τα σύγχρονα μέσα παραγωγής και ανταλλαγής μέσα στα πλαίσια των παλιών σχέσεων ιδιοκτησίας, που είχαν ανατιναχτεί και που δεν μπορούσαν παρά ν' ανατιναχτούν απ' αυτά τα ίδια τα σύγχρονα μέσα παραγωγής. Και στις δύο περιπτώσεις, ο σοσιαλισμός αυτός είναι ταυτόχρονα και αντιδραστικός και ουτοπικός.

Συντεχνιακό καθεστώς στη μανιφακτούρα και πατριαρχική οικονομία στην ύπαιθρο, αυτή είναι η τελευταία του λέξη. Στην παραπέρα εξέλιξή της η τάση αυτή κατάντησε μια δειλή αποχαύνωση[7].

γ) Ο γερμανικός ή ο "αληθινός" σοσιαλισμός

Η σοσιαλιστική και κομμουνιστική φιλολογία της Γαλλίας που γεννήθηκε κάτω από την πίεση της κυρίαρχης αστικής τάξης, και που είναι η φιλολογική έκφραση της πάλης ενάντια σ' αυτή την κυριαρχία, μεταφέρθηκε στη Γερμανία σε εποχή όπου η αστική τάξη μόλις άρχιζε τον αγώνα της ενάντια στο φεουδαρχικό απολυταρχισμό.

Γερμανοί φιλόσοφοι, μισοφιλόσοφοι και ωραιολόγοι ρίχτηκαν αχόρταγα σ' αυτή τη φιλολογία και ξέχασαν ακριβώς ότι με την εισαγωγή αυτών των έργων απ' τη Γαλλία στη Γερμανία, δεν είχε γίνει ταυτόχρονα και η εισαγωγή των γαλλικών συνθηκών ζωής. Μέσα στις γερμανικές συνθήκες, η γαλλική φιλολογία έχασε κάθε άμεση πρακτική σημασία και πήρε μια όψη καθαρά φιλολογική. Αναγκάστηκε να

εκδόσεις
ΚΥΖΑΚΗΣ

παρουσιαστεί σαν αργόσχολη θεωρητικολογία[8] για την πραγματοποίηση της ανθρώπινης φύσης. Έτσι, για τους γερμανούς φιλόσοφους του 18ου αιώνα, οι διεκδικήσεις της πρώτης γαλλικής επανάστασης είχαν μονάχα την έννοια ότι ήταν διεκδικήσεις του "πρακτικού λόγου" γενικά, και οι εκδηλώσεις της θέλησης της επαναστατικής γαλλικής αστικής τάξης σήμαιναν στα μάτια τους τους νόμους της καθαρής θέλησης, της θέλησης, όπως θα πρέπει να είναι, της αληθινά ανθρώπινης θέλησης.

Η αποκλειστική δουλειά των γερμανών λογίων ήταν να εναρμονίσουν τις νέες γαλλικές ιδέες με την παλιά τους φιλοσοφική συνείδηση ή καλύτερα να αφομοιώσουν τις γαλλικές ιδέες από τη δικιά τους τη φιλοσοφική άποψη.

Η αφομοίωση αυτή έγινε με τον ίδιο τρόπο, με τον οποίο αφομοιώνει κανείς μια ξένη γλώσσα, με τη μετάφραση.

Είναι γνωστό πώς οι καλόγεροι μετέγραφαν με ανούσιες ιστορίες καθολικών αγίων τα χειρόγραφα, όπου ήταν γραμμένα τα κλασικά έργα της αρχαίας ειδωλολατρικής εποχής. Οι γερμανοί λόγιοι ακολούθησαν τον αντίθετο δρόμο με τη βέβηλη γαλλική φιλολογία. Έγραφαν τις φιλοσοφικές τους ανοησίες πίσω από το γαλλικό πρωτότυπο. Για παράδειγμα, πίσω από τη γαλλική κριτική των χρηματικών σχέσεων, έγραψαν: "Αποξένωση της ανθρώπινης φύσης". Πίσω από τη γαλλική κριτική του αστικού κράτους έγραψαν: "Κατάργηση της κυριαρχίας του αφηρημένου γενικού" κλπ.

Την υποκατάσταση αυτής της φιλοσοφικής φρασεολογίας[9] στις γαλλικές εξελίξεις τη βάφτισαν "φιλοσοφία της πράξης", "αληθινό σοσιαλισμό", "γερμανική επιστήμη του σοσιαλισμού", "φιλοσοφική θεμελίωση του σοσιαλισμού" κλπ.

Με τον τρόπο αυτό ευνούχισαν για τα καλά τη γαλλική σοσιαλιστική και κομμουνιστική φιλολογία. Και μια που αυτή η φιλολογία στα χέρια των Γερμανών έπαψε να εκφράζει την πάλη μιας τάξης ενάντια σε μια άλλη, ο Γερμανός πείστηκε ότι ξεπέρασε τη "γαλλική μονομέρεια" και ότι εκπροσωπούσε, αντί τις αληθινές ανάγκες, την ανάγκη της αλήθειας, και αντί τα συμφέροντα του προλεταριάτου, τα συμφέροντα της ανθρώπινης φύσης, του ανθρώπου γενικά, του ανθρώπου που δεν ανήκει σε καμιά τάξη, που δεν ανήκει καθόλου στην πραγματικότητα, που ανήκει μονάχα στον ομιχλώδη ουρανό της φιλοσοφικής φαντασίας.

Αυτός ο γερμανικός σοσιαλισμός, που έπαιρνε τόσο σοβαρά και πανηγυρικά τις αδέξιες μαθητικές του ασκήσεις και τις διαλαλούσε τόσο αγύρτικα, έχασε ωστόσο σιγά-σιγά τη σχολαστική του αθωότητα.

Ο αγώνας της γερμανικής και ιδιαίτερα της πρωσικής αστικής τάξης ενάντια στους φεουδάρχες και την απόλυτη μοναρχία, με μια λέξη, το φιλελεύθερο κίνημα, έγινε πιο σοβαρό.

Έτσι, στον "αληθινό" σοσιαλισμό δόθηκε η τόσο ποθητή ευκαιρία να αντιπαραθέσει τις σοσιαλιστικές διεκδικήσεις στο πολιτικό κίνημα, για να εξαπολύσει τα πατροπαράδοτα αναθέματα ενάντια στο φιλελευθερισμό, ενάντια στο αντιπροσωπευτικό κράτος, ενάντια στον αστικό συναγωνισμό, την αστική ελευθερία του τύπου, το αστικό δίκαιο, την αστική ελευθερία και ισότητα και για να κηρύξει στη λαϊκή μάζα πως δεν έχει να κερδίσει τίποτε απ' αυτό το αστικό κίνημα, αντίθετα θα τα χάσει όλα. Ο γερμανικός σοσιαλισμός ξέχασε έγκαιρα ότι η γαλλική κριτική, που αυτός αποτελούσε τον ανιαρό αντίλαλο της, προϋποθέτει τη σύγχρονη αστική κοινωνία, με τους αντίστοιχους υλικούς όρους ζωής και με την ανάλογη πολιτική συγκρότηση, όλες προϋποθέσεις που στη Γερμανία έπρεπε πρώτα να κατακτηθούν.

Στις γερμανικές απολυταρχικές κυβερνήσεις με την ακολουθία τους από παπάδες, δασκάλους, ευγενείς της υπαίθρου και γραφειοκράτες, ο σοσιαλισμός αυτός χρησίμευε σαν ποθητό σκιάχτρο ενάντια στην αστική τάξη που τραβούσε απειλητικά προς τα πάνω.

Αποτελούσε το γλυκερό συμπλήρωμα στις πικρές βουρδουλιές και τις σφαίρες, με τις οποίες οι ίδιες αυτές κυβερνήσεις αντιμετώπιζαν τις γερμανικές εργατικές εξεγέρσεις.

Αν ο "αληθινός" σοσιαλισμός έγινε έτσι ένα όπλο στα χέρια των κυβερνήσεων ενάντια στη γερμανική αστική τάξη, ταυτόχρονα εκπροσωπούσε άμεσα ένα αντιδραστικό συμφέρον, το συμφέρον του

γερμανικού μικροαστισμού[10]. Η μικροαστική τάξη που έχει κληροδοτηθεί από το 16ο αιώνα και που τότε όλο και ξαναεμφανιζόταν καινούργια με διαφορετική μορφή, αποτελεί στη Γερμανία την ουσιαστική κοινωνική βάση της υπάρχουσας κατάστασης.

Η διατήρησή της είναι διατήρηση της υπάρχουσας κατάστασης στη Γερμανία. Η μικροαστική τάξη φοβάται το βέβαιο αφανισμό της από τη βιομηχανική και πολιτική κυριαρχία της αστικής τάξης, από τη μια μεριά εξαιτίας της συγκέντρωσης του κεφαλαίου και από την άλλη με την εμφάνιση ενός επαναστατικού προλεταριάτου. Ο "αληθινός" σοσιαλισμός της φάνηκε ότι χτυπάει μ' ένα σμπάρο δύο τρυγόνια. Εξαπλώθηκε σαν επιδημία.

Η εσθήτα, φτιαγμένη από αραχνοΰφαντες θεωρητικολογίες, κεντημένη με όμορφα ρητορικά λουλούδια, διαποτισμένη από πνιγερή αισθηματική δροσιά, αυτή η απλόχωρη εσθήτα όπου οι γερμανοί σοσιαλιστές τύλιξαν τις λίγες κοκαλιάρικες "αιώνιες αλήθειες" τους, αύξησε μονάχα την κατανάλωση του εμπορεύματος τους από αυτό το κοινό.

Από τη μεριά του, ο γερμανικός σοσιαλισμός αντιλαμβάνεται όλο και πιο πολύ τον προορισμό του να είναι ο πομπώδης εκπρόσωπος αυτής της μικροαστικής τάξης.

Ανακήρυξε το γερμανικό έθνος πρότυπο έθνος και το γερμανό μικροαστό[11] πρότυπο άνθρωπο. Σε κάθε ποταπότητα αυτού του μικροαστού έδινε ένα απόκρυφο, ανώτερο, σοσιαλιστικό νόημα που σήμαινε το αντίθετο της. Τραβούσε ως την τελική συνέπεια, παίρνοντας θέση ενάντια στη "βάναυσα καταστροφική" τάση του κομμουνισμού και διαλαλώντας την αμερόληπτη ανωτερότητά του πάνω απ' όλους τους ταξικούς αγώνες. Με πολύ λίγες εξαιρέσεις, όλα τα δήθεν σοσιαλιστικά και κομμουνιστικά έργα που κυκλοφορούν στη Γερμανία, ανήκουν στην περιοχή αυτής της βρομερής και εκνευριστικής φιλολογίας[12].

2. Ο ΣΥΝΤΗΡΗΤΙΚΟΣ Ή ΑΣΤΙΚΟΣ ΣΟΣΙΑΛΙΣΜΟΣ

Ένα μέρος της αστικής τάξης θέλει να διορθώσει τα κοινωνικά κακά, για να εξασφαλίσει την ύπαρξη της αστικής κοινωνίας.

Σ' αυτή την κατηγορία ανήκουν: οικονομολόγοι, φιλάνθρωποι, ανθρωπιστές, άνθρωποι που ασχολούνται με τη βελτίωση της κατάστασης των εργαζόμενων τάξεων, οργανωτές αγαθοεργιών, προστάτες των ζώων, ιδρυτές συλλόγων υπέρ της μετριοπάθειας, οι πιο παρδαλοί ψευτομεταρρυθμιστές. Κι αυτό τον αστικό σοσιαλισμό έφτασαν να τον επεξεργαστούν σε ολόκληρα συστήματα.

Ας αναφέρουμε σαν παράδειγμα τη Φιλοσοφία της αθλιότητας τον Προυντόν.

Οι σοσιαλιστές αστοί θέλουν τις συνθήκες ζωής της σύγχρονης κοινωνίας χωρίς τους αγώνες και τους κινδύνους που απορρέουν αναγκαστικά απ' αυτήν. Θέλουν τη σημερινή κοινωνία, αλλά αφού της αφαιρεθούν τα στοιχεία που την επαναστατικοποιούν και τη διαλύουν. Θέλουν την αστική τάξη χωρίς το προλεταριάτο. Η αστική τάξη, φυσικά, φαντάζεται τον κόσμο όπου κυριαρχεί σαν τον καλύτερο κόσμο. Ο αστικός σοσιαλισμός επεξεργάζεται αυτή την παρήγορη εικόνα σ' ένα μισό ή ολοκληρωμένο σύστημα. Όταν παροτρύνει το προλεταριάτο να πραγματοποιήσει τα συστήματά του και να μπει στη νέα Ιερουσαλήμ, τότε κατά βάθος το καλεί απλώς να σταματήσει στη σημερινή κοινωνία, να αποβάλει, όμως, τις εχθρικές αντιλήψεις που έχει γι' αυτήν.

Μια δεύτερη, λιγότερο συστηματική, αλλά πιο πρακτική μορφή αυτού του σοσιαλισμού, δοκίμασε να αποτρέψει την εργατική τάξη από κάθε επαναστατικό κίνημα, αποδείχνοντας ότι δεν μπορεί να την ωφελήσει αυτή ή εκείνη η πολιτική αλλαγή, αλλά μονάχα μια αλλαγή των υλικών συνθηκών ζωής, των οικονομικών σχέσεων. Όμως, ο σοσιαλισμός αυτός, με την αλλαγή των υλικών συνθηκών ζωής δεν εννοεί καθόλου την κατάργηση των αστικών σχέσεων παραγωγής, που μπορεί να γίνει μονάχα με επαναστατικό τρόπο, αλλά διοικητικές βελτιώσεις που πραγματοποιούνται πάνω στο έδαφος αυτών των σχέσεων παραγωγής και επομένως δεν θα αλλάξει τίποτα στη σχέση του κεφαλαίου και της μισθωτής εργασίας, αλλά στην καλύτερη περίπτωση θα μειώσει για την

Εκδόσεις
ΚΥΖΑΚΗΣ

αστική τάξη τα έξοδα της κυριαρχίας της και θα απλοποιήσει τον κρατικό της προϋπολογισμό.

Την πιο ταιριαστή του έκφραση ο αστικός σοσιαλισμός την αποκτάει τότε μονάχα, όταν καταντάει ένα απλό ρητορικό σχήμα.

Ελεύθερο εμπόριο! Προς όφελος της εργαζόμενης τάξης. Προστατευτικοί δασμοί! Προς όφελος της εργαζόμενης τάξης. Φυλακές με κελιά! Προς όφελος της εργαζόμενης τάξης. Αυτή είναι η τελευταία λέξη του αστικού σοσιαλισμού, η μόνη που την εννοεί στα σοβαρά.

Ο σοσιαλισμός της αστικής τάξης είναι ακριβώς ο ισχυρισμός ότι οι αστοί είναι αστοί προς όφελος της εργαζόμενης τάξης.

3. Ο ΚΡΙΤΙΚΟΣ ΟΥΤΟΠΙΚΟΣ ΣΟΣΙΑΛΙΣΜΟΣ ΚΑΙ ΚΟΜΜΟΥΝΙΣΜΟΣ

Δεν μιλάμε εδώ για τη φιλολογία, που σ' όλες τις σύγχρονες μεγάλες επαναστάσεις διατύπωσε τις διεκδικήσεις του προλεταριάτου (έργα τον Μπαμπέφ κλπ.).

Οι πρώτες απόπειρες του προλεταριάτου να επιβάλει άμεσα το δικό του ταξικό συμφέρον, που έγιναν σε μια εποχή γενικού αναβρασμού, στην περίοδο της ανατροπής της φεουδαρχικής κοινωνίας, απέτυχαν αναγκαστικά, γιατί το ίδιο το προλεταριάτο δεν είχε ακόμα εξελιχθεί και γιατί έλειπαν οι υλικοί όροι της απελευθέρωσής του, που είναι ακριβώς το προϊόν της αστικής εποχής. Η επαναστατική φιλολογία που συνόδευε τα πρώτα αυτά κινήματα του προλεταριάτου, είναι στο περιεχόμενο της αναγκαστικά αντιδραστική. Κηρύχνει ένα γενικό ασκητισμό και μια χοντροκομμένη ισοπέδωση.

Τα καθαυτό σοσιαλιστικά και κομμουνιστικά συστήματα, τα συστήματα του Σεν Σιμόν, του Φουριέ, του Όουεν κλπ., εμφανίζονται στην πρώτη ανεξέλικτη περίοδο της πάλης ανάμεσα στο προλεταριάτο και την αστική τάξη, που περιγράψαμε πιο πάνω. (Βλ. αστική τάξη και προλεταριάτο).

Οι εφευρέτες αυτών των συστημάτων βλέπουν, βέβαια, την αντίθεση των τάξεων καθώς και τη δραστικότητα των διαλυτικών στοιχείων μέσα στην ίδια την κυρίαρχη κοινωνία. Δεν βλέπουν, όμως, από τη μεριά του προλεταριάτου καμιά ιστορική πρωτοβουλία, κανένα δικό του πολιτικό κίνημα.

Μια και η ανάπτυξη της ταξικής αντίθεσης συμβαδίζει με την ανάπτυξη της βιομηχανίας, δεν βλέπουν ούτε τους υλικούς όρους για την απελευθέρωση του προλεταριάτου και ψάχνουν να βρουν μια κοινωνική επιστήμη, κοινωνικούς νόμους για να δημιουργήσουν αυτούς τους όρους.

Στη θέση της κοινωνικής δράσης πρέπει να μπει η προσωπική τους εφευρετική δράση, στη θέση των ιστορικών όρων για την απελευθέρωση μπαίνουν φανταστικοί όροι, στη θέση της βαθμιαία αναπτυσσόμενης οργάνωσης τον προλεταριάτου σε τάξη, μπαίνει μια οργάνωση της κοινωνίας που σκαρώθηκε ειδικά γι' αυτό. Γι' αυτούς, η μελλοντική παγκόσμια ιστορία αναλύεται στην προπαγάνδα και την πρακτική εφαρμογή των κοινωνικών τους σχεδίων.

Έχουν, βέβαια, επίγνωση ότι με τα σχέδιά τους εκπροσωπούν κυρίως το συμφέρον της εργαζόμενης τάξης, γιατί είναι η τάξη που υποφέρει πιο πολύ. Και μονάχα απ' αυτή την άποψη της τάξης που υποφέρει περισσότερο, υπάρχει γι' αυτούς το προλεταριάτο.

Η ανεξέλικτη, όμως, μορφή της ταξικής πάλης, όπως και οι δικές τους συνθήκες ζωής, τους κάνουν να νομίζουν πως βρίσκονται πολύ πιο πάνω απ' αυτή την ταξική αντίθεση. Θέλουν να βελτιώσουν τις συνθήκες ζωής όλων των μελών της κοινωνίας, ακόμα και των πιο ευκατάστατων. Γι' αυτό, απευθύνουν διαρκώς εκκλήσεις σ' ολόκληρη την κοινωνία χωρίς διάκριση και μάλιστα κατά προτίμηση στην κυρίαρχη τάξη. Γιατί αρκεί να κατανοήσει κανείς το σύστημά τους για ν' αναγνωρίσει ότι είναι το καλύτερο δυνατό σχέδιο της καλύτερης δυνατής κοινωνίας.

Γι' αυτό αποκρούουν κάθε πολιτική και ιδιαίτερα κάθε επαναστατική δράση, θέλουν να πετύχουν το σκοπό τους με ειρηνικά μέσα και

προσπαθούν να ανοίξουν δρόμο στο καινούργιο κοινωνικό ευαγγέλιο με μικρούς πειραματισμούς, που φυσικά πάντα αποτυχαίνουν, με τη δύναμη του παραδείγματος.

Αυτή η φανταστική περιγραφή της μελλοντικής κοινωνίας εμφανίζεται σε μια εποχή που το προλεταριάτο είναι ακόμα εξαιρετικά ανεξέλικτο, που, επομένως, και το ίδιο αντιλαμβάνεται ακόμα με φανταστικό τρόπο την ίδια τη θέση του, από τη γεμάτη διαίσθηση, πρώτη επιθυμία του για μια γενική μετατροπή της κοινωνίας.

Τα σοσιαλιστικά και κομμουνιστικά κείμενα αποτελούνται όμως και από κριτικά στοιχεία. Χτυπούν όλες τις βάσεις της σημερινής κοινωνίας. Γι' αυτό πρόσφεραν εξαιρετικά πολύτιμο υλικό για τη διαφώτιση των εργατών. Οι θετικές τους απόψεις για τη μελλοντική κοινωνία, για παράδειγμα κατάργηση της αντίθεσης ανάμεσα στην πόλη και την ύπαιθρο, κατάργηση της οικογένειας, του ατομικού κέρδους, της μισθωτής εργασίας, η διακήρυξη της κοινωνικής αρμονίας, η μετατροπή του κράτους σε απλή διαχείριση της παραγωγής - όλες αυτές οι θέσεις τους εκφράζουν μονάχα την εξάλειψη της ταξικής αντίθεσης, που μόλις αρχίζει να αναπτύσσεται και που τη γνωρίζουν μόνο στην πρώτη αδιαμόρφωτη και ακαθόριστη ακόμα μορφή της. Γι' αυτό, αυτές οι ίδιες οι θέσεις έχουν ακόμα ένα καθαρά ουτοπικό νόημα.

Η σημασία του κριτικού-ουτοπικού σοσιαλισμού και κομμουνισμού βρίσκεται σε αντίστροφη σχέση με την ιστορική εξέλιξη. Στο βαθμό που αναπτύσσεται και διαμορφώνεται η ταξική πάλη, στον ίδιο βαθμό χάνει κάθε πρακτική αξία, κάθε θεωρητική δικαιολογία αυτή η φανταστική ανύψωση πάνω απ' την πάλη αυτή, αυτή η φανταστική καταπολέμησή της. Γι' αυτό κι αν από πολλές απόψεις οι αυτουργοί αυτών των συστημάτων ήταν επαναστάτες, οι μαθητές τους όμως συγκροτούν πάντα αντιδραστικές αιρέσεις. Διατηρούν αναλλοίωτες τις παλιές αντιλήψεις των δασκάλων σχετικά με την ιστορική εξέλιξη του προλεταριάτου. Γι' αυτό προσπαθούν με συνέπεια ν' αμβλύνουν ξανά την ταξική πάλη και να συμβιβάσουν τις αντιθέσεις. Εξακολουθούν να ονειρεύονται ότι θα πραγματοποιήσουν με πειράματα τις κοινωνικές τους ουτοπίες: Ίδρυση μεμονωμένων φαλανστηρίων, δημιουργία

εκδόσεις ΚΥΖΑΚΗΣ

αποικιών στο εσωτερικό (home-colonies), ίδρυση μιας μικρής Ικαρίας[13], μικροσκοπική έκδοση της νέας Ιερουσαλήμ. Και για να χτίσουν όλους αυτούς τους ισπανικούς πύργους, αναγκάζονται να κάνουν έκκληση στην αστική καρδιά και το αστικό βαλάντιο των φιλανθρώπων. Σιγά-σιγά πέφτουν στην κατηγορία των αντιδραστικών ή συντηρητικών σοσιαλιστών που περιγράψαμε πιο πάνω και δεν ξεχωρίζουν απ' αυτούς παρά μονάχα με μια πιο συστηματική σχολαστικότητα, με μια φανατική προκατάληψη για τη θαυματουργή αποτελεσματικότητα της κοινωνικής τους επιστήμης.

Γι' αυτό αντιτάσσονται με πείσμα σε κάθε πολιτικό κίνημα των εργατών, που μπορούσε να προέρχεται μονάχα από μια τυφλή έλλειψη πίστης στο νέο ευαγγέλιο.

Οι οπαδοί του Όουεν στην Αγγλία, του Φουριέ στη Γαλλία αντιδρούν, οι πρώτοι ενάντια στους χαρτιστές, οι δεύτεροι ενάντια στους ρεφορμιστές[14].

Σ η μ ε ι ώ σ ε ι ς

1) Δεν εννοούμε την αγγλική παλινόρθωση του 1660-1689, αλλά τη γαλλική περίοδο της παλινόρθωσης του 1814-1830. (Σημείωση του Ένγκελς στην αγγλική έκδοση rου 1888).

2) Οπαδοί της δυναστείας των Βουρβόνων που ανατράπηκε το 1830. Εκπροσωπούσαν τα συμφέροντα των μεγάλων γαιοκτημόνων. Στον αγώνα ενάντια στη δυναστεία του οίκου της Ορλεάνης που κυριαρχούσε το 1830-1848 και που στηριζόταν στη χρηματιστική αριστοκρατία και τη μεγαλοαστική τάξη, ένα τμήμα των νομιμοφρόνων προχωρούσε συχνά στην κοινωνική δημαγωγία και συμπεριφερόταν σαν προστάτης των εργαζομένων από την εκμετάλλευση της αστικής τάξης (σημ. γερμ. σύντ.).

3) Η "Νέα Αγγλία" (Young England) ήταν ένας κύκλος που ιδρύθηκε το 1824 από άγγλους αριστοκράτες, πολιτικούς και ανθρώπους των γραμμάτων, που προσχώρησαν στο Συντηρητικό Κόμμα (Τόρις). Γνωστοί εκπρόσωποι της "Νέας Αγγλίας" ήταν ο Μπέντζαμιν Ντισραέλι (1804-1881) και ο Τομας Κάρλαϊλ (1795-1881). Έκφραζαν τη δυσαρέσκεια της

αριστοκρατίας των γαιοκτημόνων για την αυξανόμενη οικονομική και πολιτική εξουσία της αστικής τάξης και χρησιμοποίησαν δημαγωγικά μέσα για να επηρεάσουν την εργατική τάξη και να τη χρησιμοποιήσουν κατά της αστικής τάξης (...) (σημ. γερμ. σύντ.).

4) Στην έκδοση του 1888 "τα μήλα που έπεσαν από το δέντρο της βιομηχανίας" (σημ. γερμ. σύντ.).

5) Αυτό αφορά κυρίως τη Γερμανία, όπου οι ευγενείς της υπαίθρου και οι γιούνκερ εκμεταλλεύονται ένα μεγάλο μέρος από τα κτήματά τους για δικό τους λογαριασμό και με τη βοήθεια επιστατών, ενώ παράλληλα είναι μεγαλοπαραγωγοί ζάχαρης από τεύτλα και ρακής από πατάτες. Οι πλουσιότεροι άγγλοι αριστοκράτες δεν ξέπεσαν ακόμα τόσο πολύ, αλλά κι αυτοί ακόμα ξέρουν πώς μπορεί να εξουδετερώνει κανείς την πτώση της γαιοπροσόδου με την προσφορά του ονόματος του σε λίγο-πολύ αμφίβολης ποιότητας ιδρυτές μετοχικών εταιριών. (Σημείωση του Ένγκελς στην αγγλική έκδοση του 1888).

6) Στην έκδοση του 1848 "ιερός" (σημ. γερμ. σύντ.).

7) Στην έκδοση του 1888 "Τελικά, όταν τα σκληροτράχηλα ιστορικά γεγονότα έδιωξαν κάθε μέθη αυταπάτης, η μορφή αυτή του σοσιαλισμού εκφυλίστηκε σε μιαν οιχτρή αποχαύνωση" (σημ. γερμ. σύντ.).

8) Στην έκδοση του 1848 "θεωρητικολογία για την αληθινή κοινωνία" (σημ. γερμ. σύντ.).

9) Στην έκδοση του 1848 "Αυτή την υποκατάσταση της φιλοσοφικής τους φρασεολογίας" (σημ. γερμ σύντ.).

10) Στην έκδοση του 1888 "των γερμανών Φιλισταίων" (σημ. γερμ. σύντ.).

11) Στην έκδοση του 1888 "γερμανό μικρό Φιλισταίο" (σημ. γερμ. σύντ.).

12) Η επαναστατική θύελλα του 1848 σάρωσε όλη αυτή την αξιοθρήνητη τάση και αφαίρεσε από τους οπαδούς της την όρεξη να

μιλούν άλλο για σοσιαλισμό. Κύριος εκπρόσωπος και κλασικός τύπος αυτής της τάσης είναι ο κ. Καρλ Γκριν. (Σημείωση του Ένγκελς στη γερμανική έκδοση του 1890).

13) Φαλανστήρια ήταν η ονομασία των σοσιαλιστικών αποικιών που σχεδίαζε ο Σαρλ Φουριέ. Ικαρία, ονόμαζε ο Καμπέ την ουτοπία του και αργότερα την κομμουνιστική του αποικία στην Αμερική. (Σημείωση του Ένγκελς στην αγγλική έκδοση του 1888).

Αποικίες στο εσωτερικό (Home-colonies) ονομάζει ο Όουεν τις κομμουνιστικές, υποδειγματικές εταιρίες του. Φαλανστήρια ήταν το όνομα για τα κοινωνικά παλάτια που σχεδίασε ο Φουριέ. Ικαρία λεγόταν η φανταστική ουτοπική χώρα, που ο Καμπέ περιέγραφε τους κομμουνιστικούς της θεσμούς. (Σημείωση του Ένγκελς στη γερμανική έκδοση του 1890).

14) Πρόκειται για τους οπαδούς της παρισινής εφημερίδας La Reforme (Η Μεταρρύθμιση), που υποστήριζαν την εγκαθίδρυση της δημοκρατίας, καθώς και μια σειρά δημοκρατικές και κοινωνικές μεταρρυθμίσεις. Η Λα Ρεφόρμ ήταν ημερήσια γαλλική εφημερίδα, όργανο των μικροαστών δημοκρατών και ρεπουμπλικάνων, καθώς και των μικροαστών σοσιαλιστών. Έβγαινε στο Παρίσι από το 1843 ως το 1850. Ο Ένγκελς δημοσίευσε διάφορα άρθρα στην εφημερίδα από τον Οκτώβρη του 1847 ως το Γενάρη του 1848 (σημ. γερμ. σύντ.).

Η στάση των κομμουνιστών απέναντι στα διάφορα κόμματα της αντιπολίτευσης

Σύμφωνα με όσα είπαμε στο 2ο Μέρος βγαίνει από μόνη της η σχέση των κομμουνιστών προς τα συγκροτημένα πια εργατικά κόμματα, δηλαδή η σχέση τους προς τους χαρτιστές στην Αγγλία και τους αγροτικούς μεταρρυθμιστές στη Βόρεια Αμερική.

Αγωνίζονται για την επίτευξη των άμεσων σκοπών και συμφερόντων της εργατικής τάξης, αλλά στο σημερινό κίνημα εκπροσωπούν ταυτόχρονα

και το μέλλον του κινήματος. Στη Γαλλία, οι κομμουνιστές τάσσονται με το σοσιαλιστικό-δημοκρατικό κόμμα[1] ενάντια στη συντηρητική και ριζοσπαστική αστική τάξη, χωρίς όμως να παραιτηθούν από το δικαίωμα να κριτικάρουν τις φράσεις και τις αυταπάτες που έχουν την προέλευσή τους στην επαναστατική παράδοση.

Στην Ελβετία υποστηρίζουν τους ριζοσπάστες, χωρίς να παραγνωρίζουν ότι αυτό το κόμμα αποτελείται από αντιφατικά στοιχεία, εν μέρει από δημοκράτες σοσιαλιστές με τη γαλλική έννοια, και εν μέρει από αστούς ριζοσπάστες.

Ανάμεσα στους Πολωνούς οι κομμουνιστές υποστηρίζουν το κόμμα που θεωρεί την αγροτική επανάσταση σαν προϋπόθεση της εθνικής απελευθέρωσης, δηλαδή το κόμμα που το 1846[2] προκάλεσε την εξέγερση της Κρακοβίας.

Στη Γερμανία, κάθε φορά που η αστική τάξη εκδηλώνεται επαναστατικά, το κομμουνιστικό κόμμα παλεύει μαζί με την αστική τάξη ενάντια στην απόλυτη μοναρχία, ενάντια στη φεουδαρχική γαιοκτησία και το μικροαστισμό.

Όμως ούτε στιγμή δεν παραμελεί το κομμουνιστικό κόμμα να καλλιεργεί στους εργάτες μια όσο το δυνατό πιο καθαρή συνείδηση σχετικά με την εχθρική αντίθεση που υπάρχει ανάμεσα στην αστική τάξη και το προλεταριάτο, για να μπορούν οι γερμανοί εργάτες να στρέψουν αμέσως ενάντια στην αστική τάξη σαν ισάριθμα όπλα τις κοινωνικές και πολιτικές συνθήκες, που η αστική τάξη είναι υποχρεωμένη να πραγματοποιήσει με την κυριαρχία της, έτσι που, αμέσως μετά την ανατροπή των αντιδραστικών τάξεων στη Γερμανία, ν' αρχίσει αγώνας ενάντια στην ίδια την αστική τάξη.

Οι κομμουνιστές στρέφουν την κύρια προσοχή τους στη Γερμανία, γιατί η Γερμανία βρίσκεται στις παραμονές μιας αστικής επανάστασης και γιατί αυτή την ανατροπή την πραγματοποιεί μέσα σε πιο προχωρημένες συνθήκες του ευρωπαϊκού πολιτισμού γενικά και μ' ένα προλεταριάτο πολύ πιο αναπτυγμένο από την Αγγλία του 17ου και τη Γαλλία του 18ου

αιώνα. Η γερμανική αστική επανάσταση, επομένως, μπορεί να είναι μονάχα το άμεσο προοίμιο μιας προλεταριακής επανάστασης.

Με μια λέξη, οι κομμουνιστές υποστηρίζουν παντού κάθε επαναστατικό κίνημα ενάντια στην υπάρχουσα κοινωνική και πολιτική κατάσταση.

Σε όλα αυτά τα κινήματα προβάλλουν το ζήτημα της ιδιοκτησίας, οποιαδήποτε μορφή, περισσότερο ή λιγότερο εξελιγμένη, κι αν έχει πάρει, σαν το βασικό ζήτημα του κινήματος.

Τέλος, οι κομμουνιστές εργάζονται παντού για τη σύνδεση και τη συνεννόηση των δημοκρατικών κομμάτων όλων των χωρών.

Οι κομμουνιστές θεωρούν ανάξιο τους να κρύβουν τις απόψεις και τις προθέσεις τους. Δηλώνουν ανοιχτά ότι οι σκοποί τους μπορούν να πραγματοποιηθούν μονάχα με τη βίαιη ανατροπή όλου του σημερινού κοινωνικού καθεστώτος.

Ας τρέμουν οι κυρίαρχες τάξεις μπροστά σε μια κομμουνιστική επανάσταση. Οι προλετάριοι δεν έχουν να χάσουν σ' αυτήν τίποτε άλλο, εκτός από τις αλυσίδες τους. Έχουν να κερδίσουν έναν κόσμο ολόκληρο.

ΠΡΟΛΕΤΑΡΙΟΙ ΟΛΩΝ ΤΩΝ ΧΩΡΩΝ, ΕΝΩΘΕΙΤΕ!

Σημειώσεις

1) Το κόμμα που τότε αντιπροσωπευόταν από τον Λεντρί-Ρολέν στο Κοινοβούλιο, τον Λουί Μπλαν στη φιλολογία και στον καθημερινό τύπο από την εφημερίδα Reforme. Το όνομα "σοσιαλδημοκρατία" σήμαινε τότε για τους ανάδοχους του ένα τμήμα του δημοκρατικού ή ρεπουμπλικάνικου κόμματος με λίγο-πολύ σοσιαλιστικό χρώμα. (Σημείωση του Ένγκελς στην αγγλική έκδοση του 1888).

Το κόμμα που λεγόταν τότε σοσιαλιστικό-δημοκρατικό κόμμα στη Γαλλία ήταν κόμμα που αντιπροσωπευόταν στην πολιτική από τον Λεντρί Ρολέν και στα γράμματα από τον Λουί Μπλαν. Ήταν δηλαδή πέρα για πέρα διαφορετικό από τη σημερινή γερμανική

εκδόσεις
ΚΥΖΑΚΗΣ

σοσιαλδημοκρατία. (Σημείωση του Ένγκελς στη γερμανική έκδοση του 1890).

2) Πολωνοί επαναστάτες δημοκράτες ξεσηκώθηκαν στις 22 Φλεβάρη 1846 στην Κρακοβία, που μετά το 1815 είχε περάσει κάτω από τον κοινό έλεγχο της Αυστρίας, της Ρωσίας και της Πρωσίας, σχημάτισαν εθνική κυβέρνηση και εξέδωσαν ένα μανιφέστο για την κατάργηση των φεουδαρχικών βαρών. Η εξέγερση κατεστάλη στις αρχές Μάρτη του 1846 (...) (σημ. γερμ. σύντ.).

_____

Σύμφωνα με την τελευταία έκδοση του 1890 που επιμελήθηκε ο Ένγκελς.

Γράφτηκε από τον Κ. Μαρξ και τον Φ. Ένγκελς στην περίοδο από το Δεκέμβρη του 1847 ως το Γενάρη του 1848.

Πρώτη φορά τυπώθηκε το Φλεβάρη/Μάρτη του 1848 στο Λονδίνο.

Marx-Engels-Werke, τομ. 4, σελ. 459-493.

ΕΥΧΑΡΙΣΤΩ ΤΟ www.marxists.org ΓΙΑ ΤΗΝ ΠΡΟΜΗΘΕΙΑ ΤΟΥ ΚΕΙΜΕΝΟΥ

www.ingramcontent.com/pod-product-compliance
Lightning Source LLC
Chambersburg PA
CBHW050838290526
45792CB00001B/446